Denk- und Konzentrationsaufgaben

76 Arbeitsblätter für die Sekundarstufe I

von Horst Stephan

Arbeitsblätter

Denk- und Konzentrationsaufgaben

76 Arbeitsblätter für die Sekundarstufe I
mit spielerischen Aufgaben
für Vertretungsstunden und andere Anlässe
von Horst Stephan

Ernst Klett Verlag
Stuttgart Düsseldorf Leipzig

Gedruckt auf Papier,
welches aus Altpapier hergestellt wurde.

Die Deutsche Bibliothek – CIP-Einheitsaufnahme

Stephan, Horst:
Denk- und Konzentrationsaufgaben:
76 Arbeitsblätter für die Sekundarstufe I
mit spielerischen Aufgaben für Vertretungsstunden
und andere Anlässe / von Horst Stephan. –
3. Aufl. – Stuttgart ; Düsseldorf ; Leipzig : Klett, 1999
ISBN 3-12-927924-5

3. Auflage 1999 A

Internetadresse: http://www.klett-verlag.de
E-Mail: klett-kundenservice@klett-mail.de
Umschlaggestaltung: BSS Werbeagentur Sachse und Partner, Bietigheim
Gesamtherstellung: Wilhelm Röck, Weinsberg. Printed in Germany.
ISBN 3-12-927924-5

Inhalt

Vorwort

Konzentration

A 1 Buchstabenwirrwarr 1
A 2 Buchstabenwirrwarr 2
A 3 Fehlende Buchstaben
A 4 Buchstabenreste
A 5 Falsche Buchstaben
A 6 Original und Abschrift
A 7 Konzentration 1
A 8 Konzentration 2
A 9 Zahlen und Buchstaben 1
A 10 Zahlen und Buchstaben 2
A 11 Wörter mit Zahlen
A 12 Spiegelbilder
A 13 Sonderbare Linien
A 14 Scoop – Zickzack – Slalom
A 15 Schwarz-weiße Streifen
A 16 Scharadoide
A 17 Figuren mit Zeichen
A 18 Symbole
A 19 Geschätzt – gezählt
A 20 Würfel
A 21 Wortschlange
A 22 Städtekette
A 23 Zum Knobeln 1
A 24 Zum Knobeln 2
A 25 Versteckte Figuren
A 26 Streichholzspiele
A 27 Labyrinthe
A 28 Pentomino
A 29 Punktschrift
A 30 Geheimschrift
A 31 Morseschrift

Logisches Denken

A 32 Buchstabenreihen
A 33 Folgen 1
A 34 Folgen 2
A 35 Folgen 3
A 36 Folgen 4
A 37 Folgen 5
A 38 Gleichgewicht
A 39 Räderwerk
A 40 Richtig kombinieren
A 41 Oberbegriffe 1
A 42 Oberbegriffe 2
A 43 Mit einem Wort
A 44 Teil und Ganzes
A 45 Außenseiter 1
A 46 Außenseiter 2
A 47 Zur Auswahl
A 48 Fortsetzung fehlt
A 49 Zuordnungen
A 50 Wortproportionen 1
A 51 Wortproportionen 2
A 52 Wortgleichungen
A 53 Je-desto-Sätze
A 54 Information oder Vorurteil?
A 55 Tatsache oder Meinung?
A 56 Richtig oder falsch?

Wortgebundenes Denken

A 57 Buchstaben-Puzzle
A 58 Vertauschte Vokale
A 59 Wortakrobat
A 60 Geschüttelte Wörter
A 61 Kleinwörter
A 62 Wörter im Versteck
A 63 Ouartett
A 64 Quintett
A 65 Sinnverwandt
A 66 Gegensätze
A 67 Gegensatzpaare
A 68 Gemeinsamer Nenner
A 69 Kombinationen
A 70 Zerfallene Sätze 1
A 71 Zerfallene Sätze 2
A 72 Zerfallene Redensarten
A 73 Alte Redewendungen
A 74 Groß oder klein
A 75 Symbole statt Vokale
A 76 Druckfehlerteufel

Anhang

Lösungen; Anmerkungen; Quellen

Zum Praxisproblem

Der Blick auf den Vertretungsplan löst bei vielen Lehrern ein gewisses Unbehagen aus, wenn sie feststellen, dass sie im Unterricht einer anderen Klasse eingesetzt sind.

Dieses Praxisproblem beruht auf verschiedenen Erfahrungen:
- Vertretungsunterricht muss oft kurzfristig übernommen werden, sodass er aus Zeitnot nicht vorbereitet werden kann; selbst das Suchen nach geeigneten Materialien scheitert meist aus Zeitmangel.
- Es fehlen die Ziel- und Inhaltsvorgaben der zu vertretenden Kollegen; diese Informationslücke lässt sich nicht immer durch pädagogisches Geschick überbrücken.
- Vertretungsstunden sind oft belastend, weil die Schüler an einen bestimmten Erziehungs- und Unterrichtsstil bzw. feste Interaktionsformen und Rituale gewöhnt sind, die sich nicht übertragen lassen.
- Vertretungsunterricht führt zu Misserfolg und Disziplinschwierigkeiten, wenn die Erwartungen der Lernenden nicht mit denen der Lehrenden übereinstimmen.
- Es fehlen didaktische Materialien und Programme, die sich für Vertretungsstunden besonders eignen; Letzteres hängt auch damit zusammen, dass es kaum theoretisches Interesse für diese Kategorie von Unterricht gibt. (Anm. 1)

Es lässt sich also konstatieren, dass Vertretungsstunden im schulischen Alltag zu den unbefriedigenden Erziehungs- und Unterrichtssituationen zählen. Zum anderen ist festzustellen, dass Vertretungsunterricht eine Reihe fruchtbarer Lehr- und Lernmomente aufweist. So erleben Lehrer und Schüler Lerninhalte ohne fachlichen Druck und sammeln neue Erfahrungen im Umgang miteinander. Insofern will die angebotene Materialsammlung eine Hilfe sein, Vertretungsstunden Gewinn bringend zu gestalten. Dies beruht auf dem Vorhaben, aus z. B. Rätselheften sowie der Literatur für „Fitness- und Intelligenztraining“ Aufgaben- und Übungselemente zu entlehnen und didaktisch-methodisch für unterrichtliche Zwecke aufzubereiten. (Anm. 2)

Methodisch-didaktische Hinweise

Die folgenden Arbeitsblätter sind nach drei Kategorien geordnet:
- Konzentration (A 1 – A 31)
- Logisches Denken (A 32 – A 56)
- Wortgebundenes Denken (A 57 – A 76)

Die Grenze zwischen diesen Aufgabenfeldern ist fließend. – **Ziel** der Aufgaben ist es, Konzentrationsfähigkeit in oft spielerischer Auseinandersetzung mit abwechslungsreichen Übungen zu trainieren und Anstöße zu geben, die logisch-analytisches, anschauungs- und wortgebundenes Denken fördern.

Die Aufgabensammlung ist nicht nur für Vertretungsunterricht gedacht, sondern eignet sich auch für andere **Übungsanlässe** – wie z. B. Förderunterricht und Randstunden, die durch Desinteresse und Leistungsabfall gekennzeichnet sind. Auch für Fachunterricht – z. B. Deutsch – dürften viele Arbeitsblätter geeignet und willkommen sein, weil sie Inhalte und Lernstrategien anbieten, die Schulbücher und Lehrpläne vernachlässigen.

Für den Einsatz vieler Aufgaben bietet sich folgendes Modell an:
- Bevor die Arbeitsblätter verteilt werden, wird das Interesse auf das erste (Übungs-)Beispiel gelenkt, an der Tafel fixiert und besprochen.
- Es wird zugleich eine „Testsituation“ angesagt und deren Bedingungen erläutert: individuell, still, möglichst zügig, aber exakt zu arbeiten. – Bei einer Reihe des Aufgabentyps „Konzentration“ bietet sich „Tempomotivation“ an; hier bleibt es dem Lehrer überlassen, welche Zeit er für eine Aufgabe festlegt. Ersteres gilt auch für die vorgesehene „Punktegebung“.
- Die Aufgabe wird in Stillarbeit erfüllt, dann deren Ergebnisse vorgetragen und bewertet.

Falls noch Unterrichtszeit verbleibt, bietet sich eine Anschlussübung an, die den Charakter der zurückliegenden (z. B. Denk-)Aufgabe besitzt. Dies kann die Fortsetzung einer Wortreihe, aber auch die einer zeichnerischen Aufgabe sein.

A1 Buchstabenwirrwarr 1

Auf den ersten Blick sind hier Buchstaben willkürlich aneinander gereiht. Doch in diesem „Buchstaben-wirrwarr“ stecken viele kleine und sinnvolle Substantive. Unterstreiche und zähle sie!

bemnoperhijkmanntuvwxayztastgluaqjölälipihausnptyv
vcrpbioanmganstafprhoipbtdübspmlasttvziacdfhjratsn
üxyofennihctgideiänotsuafkxvwzumistshcuellgarnneist
gactzhutgltwrcpabtaäxtostnortenatlgassjorttpnagödtrq
zhtgbffalluhctmutüerbducichwriggeldplleuäbdaabclist
pitsnmarztadcdaohzpkmueigzpvwahiballxoelmtalrutpxli
elhnäsüpevsuwvilcbcälinustabpalniesenutgjktonvzrsp
tofuenspanwtrfqlsabxxypüqulwcdnmätzabveitcbzäknall
salünuetbpncmloprstnvxzwleibgehnenienplfuztrscänuns
ghpilzakczbphhtrspdlabcghiäjtpfgehfroseqöplpmczxyiv
pefghctrzzankahctblapvddsürtoktrtagwameifruvwabcdfs
afghpaarsabrloftvxwndankplfihtazwäijztalpuasketrehts
pfghjzpijlmwznöäüztovwweinghtvacltuwxdjkkhalsaieips
auesrgptwwqüzöjlnuvxywandbchungnmaotzcfhrosfstabs
anlüblcwoodwutnrlabsjdthifleaxpbdtpfälcwindndnahklk
xzäaidjehgpaffrzeitgcvptziepgehäpflezieldtsdiedrefdsz
adsrahcttodnurgottnieneinichtoogehtesquvtlmmsolerav
mastdasosbazübviefrehdehneuvwpollmauäztshcnonviel
luieäschuptsvxqmadiebpipsiebfvoleghxäüneireitzvwghe
iksjwrumöpösöleidenrpsgastjfpaabcxtpfgfhiiabewxgasb
rsgpvwchatozghptsscxylmnaoyxznotefgzäptrtzüdefthklm
viellieväüsbcdringghctvxznmjäbrottsgjöpdtpäslafkhaus
veipddfiabctudghaoeipvxqobernatzteitpvweeilghtatrvz
mäjtjabvgjäümzanklpaubsalbstaubtöievghhdgvjbbendeos

Für jedes gefundene Wort gibt es 1 Punkt! **Punkte:** ____________

In diesem „Buchstabenwirrwarr“ verbergen sich 16 Sprichwörter. Du entdeckst sie, wenn du die unnötigen Buchstaben ausstreichst. Merke: In jedes Wort ist ein „falscher“ Buchstabe eingefügt. Zwischen den Wörtern stehen jeweils zwei unnötige Buchstaben. Der Buchstabe X oder Y schließt jedes Sprichwort ab. Notiere die Sprichwörter im Heft!

~~AB~~GU~~E~~TER~~CD~~RA~~A~~T~~EF~~IS~~S~~T~~BØ~~T~~E~~EUER
XALLLERQPANNFANGCZISSTMN
SCCHWERXBLINDDEROOEIFEERKG
SCHAADETJPNUURYWEERVWZUERSAT
BAKOOMMTLTMAHLETSBZUERRSTX
STETEERMNTROPFEENPOHÖHLDTRO
DEENSZSTEIENYJEDTERUWISZTNM
SEIMNESLRGLÜÄCKESPHSCHMIIEDX
JEADERATIZSTNTSICCHKGSEILBST
DVDEFRUVNIÄCHSTEYEIINCAVOALLER
STBAEUCHAUSTUDTIERTAUNICHHTGT
GERMNXWAASEFLANGKESTWÄHRDT
EUWIRRDFEENDLIICHPJGUATYWIIE
TDMAENDTSIECHWVBEETTETVRSSOWV
LIEGKTRSMAANXEEINWWGUÜTESAB
GEWVISSENSOIISTCZEIINVGSANMFTES
JARUHHEKISSENXEEINZCSCHLEÄCHTES
PREEIOOVERDIERBTVADEENMMBEESTEN
ZWKUTCHENYWEERVAANDEIRNMGEIINEAB
GKRUBETSGRÄÖBTCCFÄULLTWUSELLBST
DVHINNEINXWAASOAIECHLDNIECHTDU
WEEISSJUMACZHTDTMIECHOBNEICHT
RVHEIISSXMAONZUSOALLVWDEENABTAAG
CDNIECHTDDVOURNNDEIMUAAEBEND
TDLOOBENXEIINETVKRÄHHECZHACCKT
IDDEERMNAANDERENAANIECHTOVDIIE
CZAUKGENLBAUUSX

Für jedes richtig entdeckte Sprichwort gibt es 2 Punkte! **Punkte:** ____________

A 3 Fehlende Buchstaben

In jeder der folgenden Zeilen ist das Alphabet aufgeführt, jedoch fehlen jeweils 3 oder 4 Buchstaben. Notiere diese und ordne sie zu sinnvollen Wörtern!

1.	ABCDEFGIJLMNOPQRSTVWXYZ	H	K	U		KUH
2.	ABCDFGIJKLMNOPQSTUVWXYZ	___	___	___		______
3.	BCDEFGHIJKMNOPQRSTUVXYZ	___	___	___		______
4.	BCEFGHIJKLMNOPQSTUVWXYZ	___	___	___		______
5.	ABCDEFHIJKLMNOPQRSTVWXY	___	___	___		______
6.	ABCDEFGHIJKLMPQRSUVWXYZ	___	___	___		______
7.	ABCDFGHJKLMNOPQRTUVWXYZ	___	___	___		______
8.	ABCDEFGIJKLMNOPQSTVWXYZ	___	___	___		______
9.	BCDEFGHIJKMNOPQRSUVWXYZ	___	___	___		______
10.	ABCDEFGHIJKMNQRSTUVWXYZ	___	___	___		______
11.	ABCDEFGIJKLMNPQSTUVWXYZ	___	___	___		______
12.	BCDEFHIJKLMNOPQRTUVWXYZ	___	___	___		______
13.	ABCDEGHIJKMNOPQRSVWXYZ	___	___	___	___	______
14.	ABCDEGHIJLMNQRSTUVWXYZ	___	___	___	___	______
15.	BCDEFGIJKLMOPQRSTUVWXY	___	___	___	___	______
16.	ABCDEFHJKLMOPQSTUVWXYZ	___	___	___	___	______
17.	ABCDGHIJKLMPQRSTUVWXYZ	___	___	___	___	______
18.	BCDEFHIJKLMOPQSTUVWXYZ	___	___	___	___	______
19.	BEFGIJKLMNOPQRSTUVWXYZ	___	___	___	___	______
20.	ABCDFGHJKLMNOPQSUVWXYZ	___	___	___	___	______
21.	ABCDFGHJKLMNOPQTUVWXYZ	___	___	___	___	______
22.	ABCDFGHJLMNOPQRTUVWXYZ	___	___	___	___	______
23.	ADEFGIJKLMNOPQRSTVWXYZ	___	___	___	___	______
24.	ABCDFGHIJKMNQRSTUVWXYZ	___	___	___	___	______
25.	CDEFGHIJKLMNOPQSTVWXYZ	___	___	___	___	______

Für jedes richtig entdeckte Wort gibt es 1 Punkt! **Punkte:** ______

In jeder der folgenden Zeilen ist der Name einer öffentlichen Einrichtung versteckt wie z. B. Rathaus oder Schulen. Streiche bei jedem Wort die Buchstaben weg, die jeweils in den Klammern darunter stehen, dann setze die „Buchstabenreste" so zusammen, dass sinnvolle Bezeichnungen entstehen!

1.	Ra~~sen~~ (3, 4, 5)	+ Th~~ron~~ (3, 4, 5)	+ Au~~ge~~ (3, 4)	+ S~~and~~ (2, 3, 4)	=	Rathaus
2.	Kies (3, 4)	+ Rad (2, 3)	+ Schirm (1, 4, 5, 6)	+ Enge (3, 4)	=	________
3.	Saft (2, 3, 4)	+ Schatz (1, 4, 5, 6)	+ Uhu (2, 3)	+ Lende (4, 5)	=	________
4.	Spule (3, 4, 5)	+ Sorte (1, 5)	+ Pläne (4, 5)	+ Katze (1, 2)	=	________
5.	Lasche (1, 2, 6)	+ Wimper (4, 5, 6)	+ Möbel (2, 4, 5)	+ Adel (3, 4)	=	________
6.	Thomas (3, 4, 5, 6)	+ Tee (1, 2)	+ Naht (1, 3)	+ Teer (1, 2)	=	________
7.	Post (3, 4)	+ Linde (3, 4, 5)	+ Sitz (1, 2, 3)	+ Eis (3)	=	________
8.	Fee (3)	+ Ulm (2, 3)	+ Gerd (1, 4)	+ Gewehr (1, 2)	=	________
9.	Kraft (4, 5)	+ Ranke (1, 2)	+ Naht (2, 4)	+ Haus (1)	=	________
10.	Kleid (2, 3, 5)	+ Inder (1)	+ Gärung (4, 5, 6)	+ Seiten (1, 2, 3)	=	________
11.	Speise (3, 5)	+ Lampe (2, 3, 5)	+ Läuse (3, 4, 5)	+ Fratze (1, 2, 3)	=	________
12.	Gruß (3, 4)	+ Sünde (1, 4, 5)	+ Anlass (5, 6)	+ Regen (1, 2)	=	________
13.	Vers (4)	+ Kehre (5)	+ Schwein (2, 3, 6, 7)	+ Lage (1, 2)	=	________
14.	Pol (3)	+ Steg (3, 4)	+ Aal (2, 3)	+ Mast (2, 3)	=	________
15.	Mühle (3, 5)	+ Laub (3)	+ Fuß (3)	+ Uhr (1)	=	________
16.	Stadtrat (6, 7, 8)	+ Bibel (4)	+ Ion (3)	+ Theke (5)	=	________
17.	Otto (1, 2)	+ Igel (2, 3, 4)	+ Leiter (3, 5, 6)	+ Stein (1, 4)	=	________
18.	Angel (1, 2, 5)	+ Fähre (3, 4, 5)	+ Menge (1, 2, 5)	+ Nische (4, 5, 6)	=	________
19.	Beratung (7, 8)	+ Angst (1, 5)	+ Gestein (1, 2, 6, 7)	+ Pillen (1 2)	=	________
20.	Seil (3, 4)	+ Neid (2, 4)	+ Ohren (2)	+ Heimat (5, 6)	=	________
21.	Sturm (1, 4, 5)	+ Ernte (1, 4, 5)	+ Hagel (3, 4)	+ Leinen (3, 5, 6)	=	________
22.	Marder (4, 5, 6)	+ Kette (2, 4, 5)	+ Applaus (1, 2, 6, 7)	+ Tanz (2, 3)	=	________
23.	Brust (4, 5)	+ Spinnen (1, 2, 3, 6, 7)	+ England (3, 4, 7)	+ Plagen (1)	=	________

Für jede sinnvolle Bezeichnung gibt es 1 Punkt! **Punkte:** ________

A 5 Falsche Buchstaben

Hier siehst du 4 Spalten mit Buchstabenblöcken. In jedem der Blöcke ist 1 Fehler passiert: Ein Buchstabe in der unteren Zeile stimmt nicht mit dem in der oberen Zeile überein. Streiche den „falschen“ Buchstaben! Wie viel Fehler findest du?

	A	B	C	D
1.	D B Z U D B ~~C~~ U	V G R D W G R D	T G V D O T H V D O	A C I K L B C I K L
2.	O K H G Ö K H G	A C Q Z A D Q Z	C B Q C A C B O C A	M N V T S M N V T C
3.	V F D E V E D E	Q K O X Q K O Z	J O Q N M J O O N M	S T W G H S V W G H
4.	J N G T J M G T	P R U W P R V W	U V A F E Z V A F E	Z I B L X Z I P L X
5.	U T D E U T D F	X A B D Y A B D	W A C Z T W A C Z I	X Y W Q A X Z W Q A
6.	K L J T K L J Y	Z F G O V F G O	G B K N L T B K N L	D F E J P D F F J P
7.	V B F R V B R R	C Z W I C C W I	K J D H N K I D H N	Q S V X D Q C V X D
8.	Y A E Z T A E Z	G P S A G B S A	H I J W E H I K W E	N P B C G M P B C G
9.	U K O I U K P I	T M N T E M N T	V L O Y J V N O Y J	A C Z M W B C Z M W
10.	F E O A F E Q A	S H K L S J K L	X A B C D X A B C E	U H T D B U H T D P
11.	L G J R L K J R	Z O V U T O V U	U Z B D V U Z B D W	D R G V C D R G V Z
12.	Z H N F Z F N F	I W C D E W C D	C D F I N C E F I N	Z V W G N Z V W M N
13.	E D V B E E V B	H B U M V B U M	P F B G T P F A G T	C M O R X C N O R X
14.	E R T Z I R T Z	W V Q X W V Q Z	U N G J K U N E J K	O P Q S R O P Q S G
15.	G P O D G P A D	P Q R S P O R S	U T W Q R O T W Q R	R A O U I B A O U I
16.	R S T D P S T D	H A R T H A S T	Z A H X I Z A R X I	U G H V P U O H V P
17.	U V W X W V W X	D W S T O W S T	J K L M N J K L M M	W E R T Z W E G T Z
18.	Z C K R C C K R	N M T X M M T X	S D F T W S D F F W	B N M F O B N N F O
19.	J I K L J I G L	G H J K G H U K	G O P Q S G O P Q C	P A T E R V A T E R

Für jeden entdeckten Fehler gibt es 1 Punkt! **Punkte:** ____________

Hier siehst du 2 Spalten, die aus Zahlen und Buchstaben (Zeilen) bestehen. Spalte **A** *ist das „Original" und Spalte* **B** *die „Abschrift". Vergleiche* **B** *mit* **A***, und finde heraus, welches Zeichen jeweils falsch abgeschrieben wurde! Markiere den Fehler!*

A

Original

1. B C 8 V 7 Z A
2. P 1 T b 6 t G
3. G Ö o 7 w 9 c
4. H N 3 i P J a
5. J 4 Ü 4 F 3 V
6. K G 2 d D a 3
7. N Ä E p 9 Z t
8. M I 8 d E 1 B
9. R 3 X e S 6 C
10. S O 5 1 Ö B 4
11. T R 4 h j 2 A
12. U D A a K ä O
13. X 6 V g Q i f
14. Y P 1 G Ü g 9
15. A F Ä j C m L
16. S P 9 4 6 N 7
17. V 7 B ä Y n ö
18. W V C n V 8 e
19. C 9 7 U A k Y
20. N L 4 k H t 1
21. O 7 Ä 1 I A 7
22. t 4 P T Ü H i
23. 7 L X J 9 D e
24. G I M 2 d B H
25. H B y 7 c P f
26. 9 T U ä 8 l 8
27. ä Ä 9 H ü M I
28. W w 6 4 X n P
29. 6 G 4 B Q 1 s
30. 4 Q P 3 V W v
31. A q K a 7 y A
32. B p A i 3 Z 7
33. X s 3 Y 8 C Z
34. Z 3 N M l Ö 4
35. D 2 Ä G i F g
36. I 8 u 7 Ü Z h
37. J K 9 9 9 0 w
38. w e r i S T 3
39. 2 1 a U i q 7
40. M u S i K e R

B

Abschrift

1. B C 7 V 7 Z A
2. P 1 R b 6 t G
3. G Ä o 7 w 9 c
4. A N 3 i P J a
5. J 4 Ü 4 F 3 W
6. K K 2 d D a 3
7. N Ö E p 9 Z t
8. M I 9 d E 1 B
9. R 3 X e S 6 Z
10. C O 5 1 Ö B 4
11. T R 4 h i 2 A
12. U D A o K ä O
13. X 6 V g q i f
14. Y B 1 G Ü g 9
15. A F Ä j C n L
16. C P 9 4 6 N 7
17. V 7 P ä Y n ö
18. W V C n V 8 f
19. C 8 7 U A k Y
20. M L 4 k H t 1
21. O 7 Ö 1 I A 7
22. T 4 P T Ü H i
23. Z L X J 9 D e
24. G I N 2 d B H
25. H B y 7 c P F
26. 9 T W ä 8 l 8
27. ä Ä 9 H Ü M I
28. W v 6 4 X n P
29. 6 g 4 B Q 1 s
30. 4 Q P 3 V W w
31. A q G a 7 y A
32. B p A i 3 Z Z
33. X S 3 Y 8 C Z
34. C 3 N M l Ö 4
35. D 2 Ö G i F g
36. 1 8 u 7 Ü Z h
37. J K 9 9 0 0 w
38. w E r i S T 3
39. 2 1 a U i u 7
40. M u S i k e R

Für jeden entdeckten Fehler gibt es 1 Punkt! **Punkte:** ____________

A 7 Konzentration 1

Du siehst hier 25 Zeilen, die jeweils aus den Buchstaben b, d, p und q gebildet sind. Streiche in jeder Zeile alle p *aus, dann zähle sie und markiere in der Zahlenleiste rechts, wie viele p du gefunden hast!*

1. dbdqbpbdqpddpbbqdqdddbbpbbbqpddqpqbdbpdbqbbqpdpbbd – 1234567890
2. pdqdqqddqddpddbpbqbbpddqdqqpbbqbqbpqbbbddqqqqbdpdd – 1234567890
3. dpdbpqdqqbqqpqbqpqdbdpdpqdqdqqbqbdqbbdddbpbbbqdqpd – 1234567890
4. dbbpqpqqpbddqqqddpbbdqdpddbqdqpdbdqbqddpdqpqdbqpdd – 1234567890
5. qpqdpbbqbppdqqdpdbqqqqqdqqpbqdqbdpqbqpbdbdbpdqbbbd – 1234567890
6. bqdpbbqqdpbbqbddbbqbdpbdqdpqqqbdqqdqpbqpbbdpqbdqqd – 1234567890
7. pqdqdpbbpdbdqbpdbbbbqbdbpqqbpqqbddpdbqbdqbpbqdddpq – 1234567890
8. bddqqdqbpbqqbqpqdbbbqpqbdqbqddqbpbbbqqpqbdqbdqdpbb – 1234567890
9. pqqbpbbqqbqbqddqqbqddpbdddqbpdqqdqpbqbbdbbqpdpdpbq – 1234567890
10. dbpbdqbqqqddpqdpqqqdqbpdqdqdqpbdpqpddbdbbqdqpdpdbb – 1234567890
11. bbqbbdpbdbqbbpddbqpqdbqdbdqddqdqdqpdqdddqbddqpddbp – 1234567890
12. qpqqbbbdqbpbbbbdbqpbdpqdqdqbdpqbqdpbqqqbbpqdddqqbq – 1234567890
13. bdbdqqqbddpbdqbqpdqqpqbpdddbdqbdpbdpqqbqbpbbpdqqbp – 1234567890
14. qdqpbbdqbpdddbqpbbdddbqqqbbdpddpqqbpbbdpddqdqbqpqq – 1234567890
15. bqqqpdqqbdbdpqqbbqbddpbqbpqdbqpbbbpqdbqbdddbpqdbpb – 1234567890
16. pbqbdpqqpqqdbdqbqpddddbbpbbddqbpbqbpqdqqpddbdbdpqb – 1234567890
17. bqqbpdpbqdqpdqbbqdbbpbbbdbbbqqbbpqbdbbbdddddqdbpdd – 1234567890
18. qbqbdqdqddbbpdqdbpqbpbdddpbbqbdbqpbqbbdqdpdqbdbqpd – 1234567890
19. qqpqdbpqqdqdqpbbdbpbbbpqpdbbdbdpqddqdbdpbbdddpdddd – 1234567890
20. hbdddqqqqbqqpdbdpdpbdqdpbqqdpbbbqdpbbbbqbpqdqbdpdq – 1234567890
21. qqpddbdqpqbdbpddpqpdqqqqdbbqqbpqqdbbpqqpdqbbqqdbdp – 1234567890
22. dbbbdqpbddddpqdqdpbdqbbbbbpbdddbdqqbpbqdpbddqdpqbb – 1234567890
23. pbbbbbdqbpqpdbdpdqqqddbbbqqqbqqqdbbbqdqpqbbqbdpbdb – 1234567890
24. pbdqpdbqbqpbqqdbbdqpbqdbbpqbqpqbqbpqdbddpbddqpddbd – 1234567890
25. dbdqbddddqqbpbdddpdbpdbqqdqqqqdpbdbpbbdqdqbbqbbpbb – 1234567890

Für die in einer Zeile richtig gezählten p gibt es 1 Punkt! **Punkte:** ____________

Früher sagte man, dass zu einem „echten" Mann Anzug, Zylinder und Spazierstock gehören und zu einer „echten" Frau langes Haar, Kleid und Handtasche. Konzentriere dich und streiche in den folgenden Reihen (A–L) alle „echten" Männer und Frauen aus und notiere deren Anzahl!

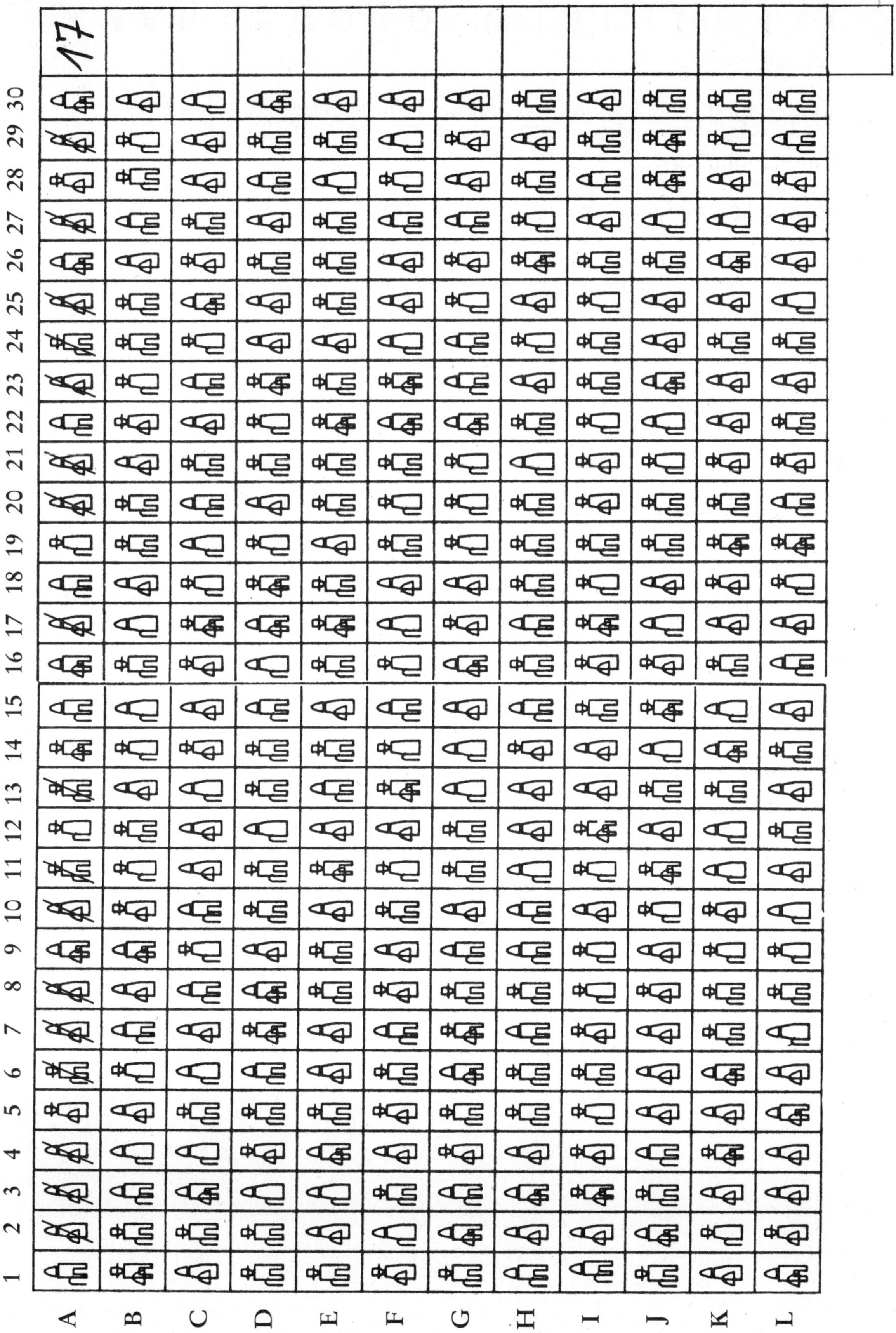

Für die in einer Reihe richtig gezählten „echten" Männer und Frauen gibt es jeweils 2 Punkte!

Punkte: ______________

A 9 Zahlen und Buchstaben 1

In der nachstehenden Tabelle ist jeder Zahl von 1–26 ein Buchstabe zugeordnet worden. Merke dir diese Zuordnung und decke die Tabelle ab!

1	2	3	4	5	6	7	8	9	10	11	12	13	14	15	16	17	18	19	20	21	22	23	24	25	26
A	**B**	**C**	**D**	**E**	**F**	**G**	**H**	**I**	**J**	**K**	**L**	**M**	**N**	**O**	**P**	**Q**	**R**	**S**	**T**	**U**	**V**	**W**	**X**	**Y**	**Z**

1. Nun übersetze die folgenden „Zahlen"-Wörter!

a) 18 21 8 5 — **Ruhe** ______
b) 16 5 12 26 ______
c) 20 21 18 13 ______
d) 8 1 21 19 6 12 21 18 ______

e) 2 5 20 20 ______
f) 1 21 20 15 ______
g) 18 5 9 19 ______
h) 18 15 20 19 20 9 6 20 ______

i) 12 1 19 20 ______
j) 1 4 5 18 ______
k) 2 15 15 20 ______
l) 11 12 1 21 19 21 18 ______

2. Schreibe die folgenden Wörter in Zahlen!

a) Traum ______
b) Preis ______
c) Lehre ______
d) Gartenzaun ______

e) Markt ______
f) Hemd ______
g) Rose ______
h) Lippenstift ______

i) Mutter ______
j) Schule ______
k) Brot ______
l) Musterknabe ______

3. Jetzt sind Buchstaben und Zahlen vermischt. Entschlüssele die folgenden Zeilen!

a) 23 A S 19 5 18 ______
b) 14 A 3 8 R 9 3 8 T ______
c) 23 5 18 2 U N G ______

d) F 1 8 18 18 A 4 ______
e) 18 A U 2 20 9 5 R ______
f) T 9 E 18 G 1 R 20 E 14 ______

g) 19 P O 18 20 A R 20 ______
h) R 5 3 H 14 U 14 7 ______
i) 7 5 W I 3 8 T ______

Für jedes richtig übertragene Wort gibt es 1 Punkt! **Punkte:** ______

*In die folgenden 3 Spalten **A**, **B** und **C** sollst du Wörter schreiben, die durch Zahlen ersetzt sind. Dazu sieh dir die Tabelle an, in der jeder Zahl ein bestimmter Buchstabe zugeordnet ist!*

1	2	3	4	5	6	7	8	9	10	11	12	13	14	15	16	17	18	19	20	21	22	23	24	25	26
A	**B**	**C**	**D**	**E**	**F**	**G**	**H**	**I**	**J**	**K**	**L**	**M**	**N**	**O**	**P**	**Q**	**R**	**S**	**T**	**U**	**V**	**W**	**X**	**Y**	**Z**

	A			B				C					
1.	20 T	1 a	20 t	18	1	14	4	2	12	21	13	5	14
2.	5	9	19	2	1	8	14	18	5	9	6	5	14
3.	18	5	8	23	5	12	20	23	21	18	26	5	12
4.	18	1	20	26	5	12	20	12	1	16	16	5	14
5.	23	5	7	26	1	8	14	19	3	8	15	16	6
6.	1	19	20	11	15	16	6	7	1	18	20	5	14
7.	20	15	14	19	1	1	12	8	5	9	13	1	20
8.	2	1	4	19	1	12	26	4	1	20	20	5	12
9.	8	5	21	10	1	8	18	16	21	20	26	5	18
10.	2	15	2	2	5	9	14	2	5	21	20	5	12
11.	2	21	19	13	21	14	4	19	20	1	21	4	5
12.	19	5	5	18	9	14	7	13	21	20	20	5	18
13.	14	15	20	2	1	12	12	19	3	8	21	12	4
14.	20	15	18	8	1	21	19	13	15	14	20	1	7
15.	13	21	20	2	18	15	20	6	9	3	8	20	5

Für jedes richtig geschriebene Wort gibt es 1 Punkt! **Punkte:** ____________

A 11 Wörter mit Zahlen

In der folgenden Wortkette ist in jedem Substantiv ein Vokal durch eine Zahl ersetzt. Präge dir die nachstehende Tabelle ein, in der jedem Selbstlaut eine Zahl zugeordnet ist! Decke die Tabelle ab und lies möglichst schnell die Wörter ohne dich dabei zu versprechen! Dann übertrage die Wortreihen mit Vokal ins Heft!

1	2	3	4	5
a	e	i	o	u

Abf 1 ll – L 1 st – T 3 nte – Erb 2 – Erk 5 ndigung – G 1 ng – G 2 ste –

2 rlaubnis – S 3 eg – G 5 t – T 1 sse – Erdt 2 il – L 1 une – 2 bbe –

End 5 ng – G 2 duld – D 4 m – N 1 tur – R 4 ck – Kält 2 – 2 ichel –

H 5 t – T 1 u – Umba 5 – 5 hr – Räub 2 r – R 3 lle – 2 id –

D 1 ch – He 2 r – R 4 ggen – Neb 2 l – La 5 ne – 2 lend – D 3 ng –

G 2 ld – Dr 4 hung – Ge 3 z – Z 5 fall – L 4 tto – 4 fen – N 1 gel –

L 4 hn – Ni 2 te – 2 isen – N 1 cht – T 1 t – T 2 e – Erm 5 tigung –

G 2 ist – T 5 rm – M 1 us – S 3 eb – Bew 2 is – S 1 lz – Z 5 cker –

Ra 5 ch – H 1 ut – Ti 2 fe – 2 rwerb – B 1 nd – D 1 mm – M 3 ne –

2 infall – L 4 b – B 4 ot – Te 2 – Erz 3 eher – Rück 2 n – N 5 ss –

Sa 1 l – Laub 2 – Ermahn 5 ng – Gest 3 rn – Näss 2 – 2 rnst – Es 2 l –

L 5 der – R 4 ss – S 3 tz – Zigar 2 tte – 2 is – St 1 at – T 5 gend –

D 1 uer – R 2 cht – Tad 2 l – L 1 ster – R 5 te – Eb 2 ne – Ech 4 –

Ob 2 r – R 4 hr – Ra 5 m – M 3 tte – Ers 1 tz – Zi 2 l – L 3 cht –

T 4 n – N 2 tz – Zirk 5 s – Seg 2 n – Ne 3 d – D 1 tum – M 1 hl –

L 2 ib – B 2 il – Lag 2 r – R 1 ng – Garder 4 be – E 3 fer – Ripp 2 –

B 5 tter – Radi 4 – 4 sten – N 3 chte – Einb 1 nd – D 5 den – Narb 2 –

Ern 1 – Abla 5 f – Fab 2 l – Le 3 er – Richt 2 r – R 3 ese – End 2

1–10 Punkte je nach (Vor-) Lesequalität! **Punkte:** ____________

Zu den folgenden 7 Linien zeichne ein möglichst genaues Spiegelbild!

1.
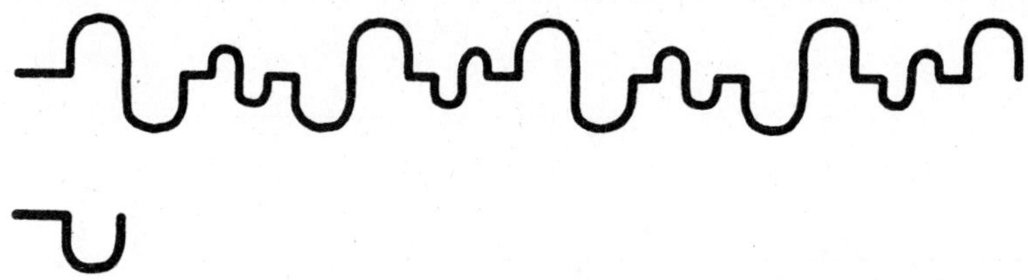

2.
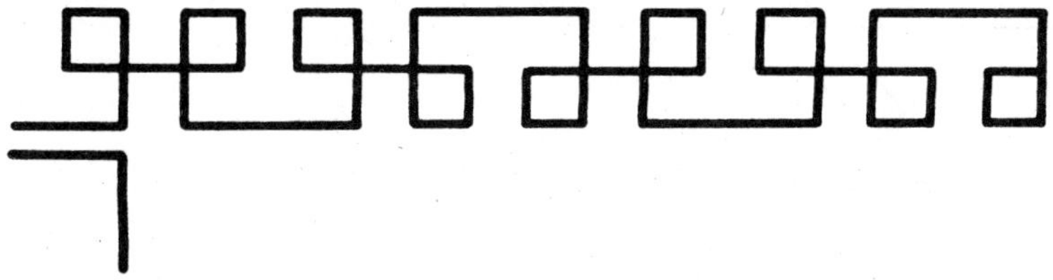

3.

4.
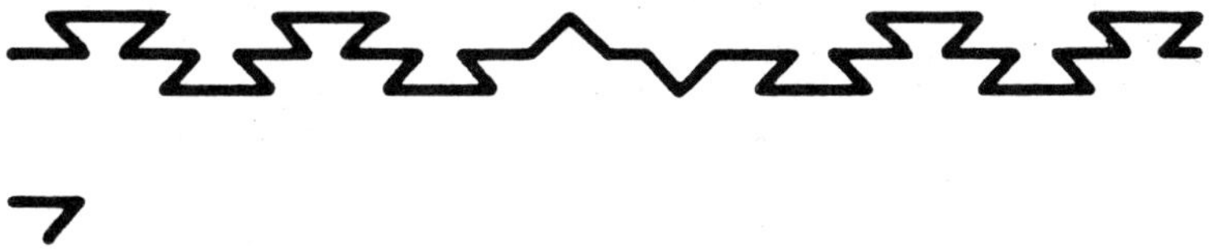

5.
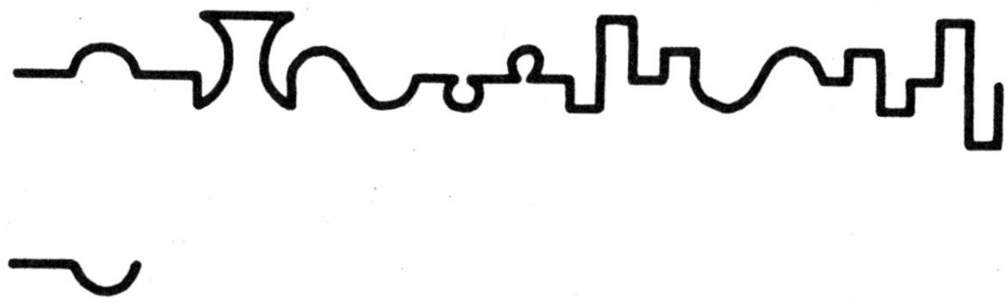

6.
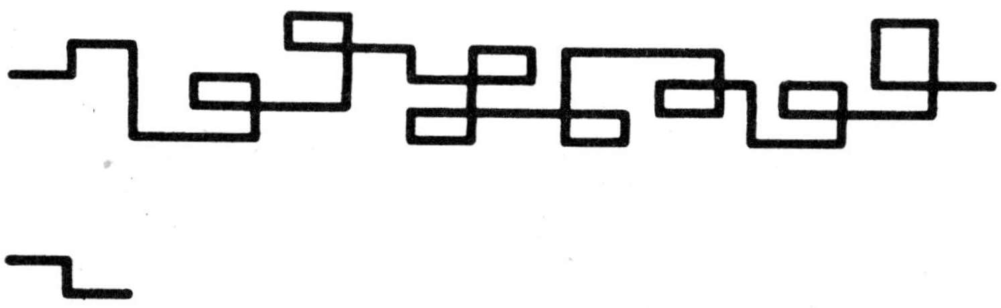

7.
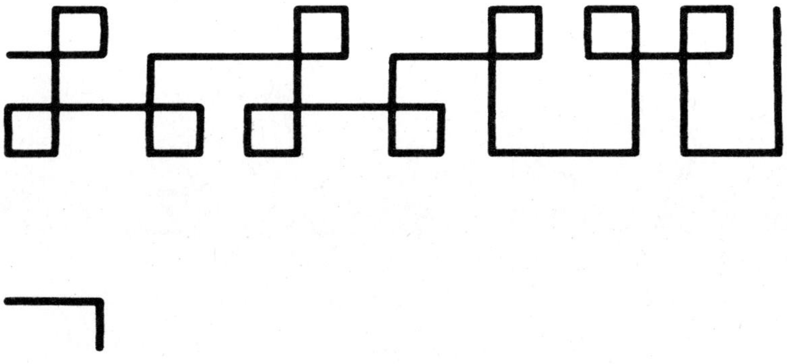

Für jedes möglichst genau gezeichnete Spiegelbild gibt es 4 Punkte! **Punkte:** ____________

A 13 Sonderbare Linien

Zu diesen 8 „sonderbaren Linien“ gibt es jeweils verschiedene Teilstücke (a–c oder a–e). Finde von diesen Stücken diejenigen heraus, die in der Linie darüber enthalten sind!

1.

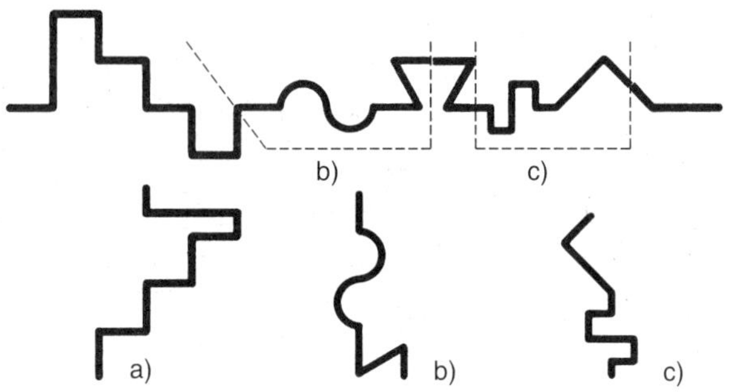

2.

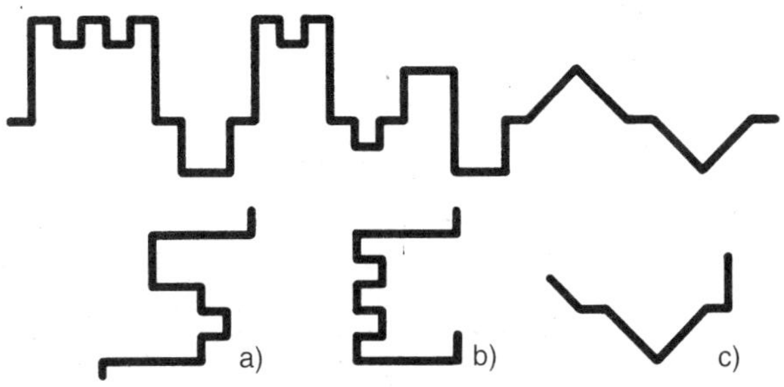

3.

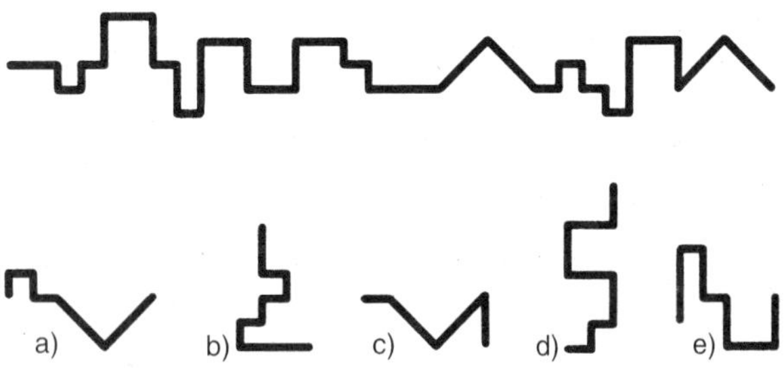

4.

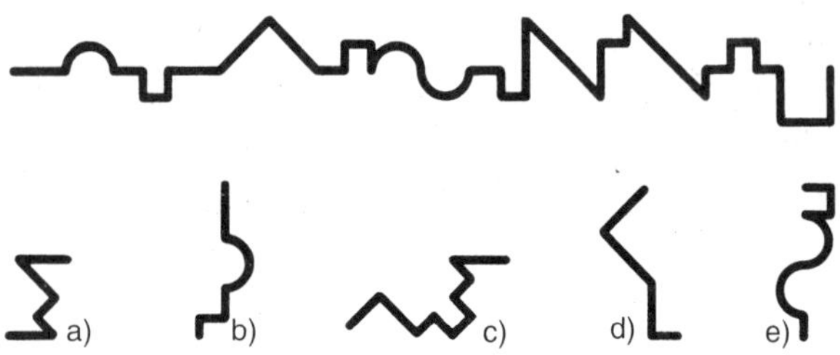

5.

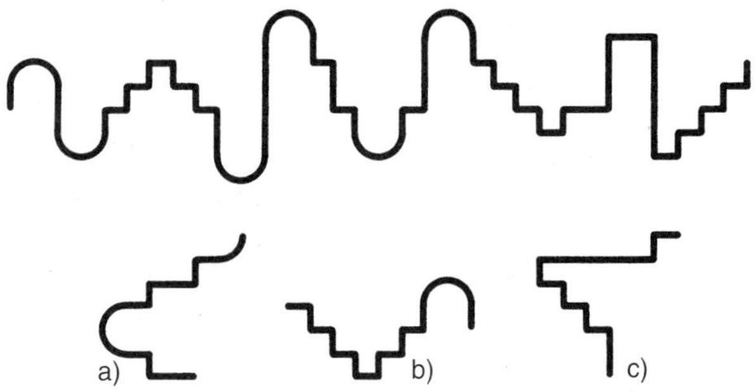

6.

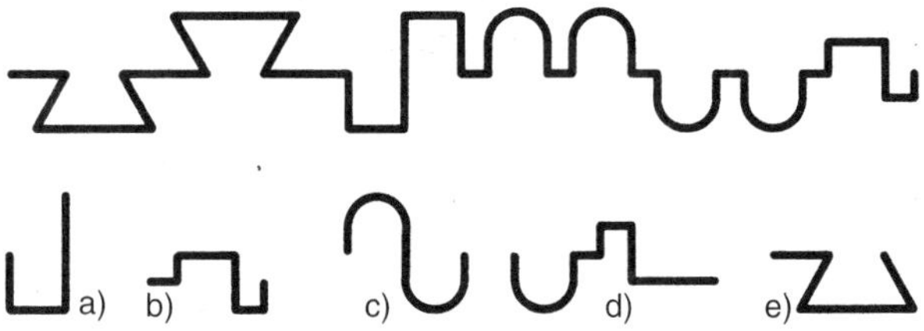

7.

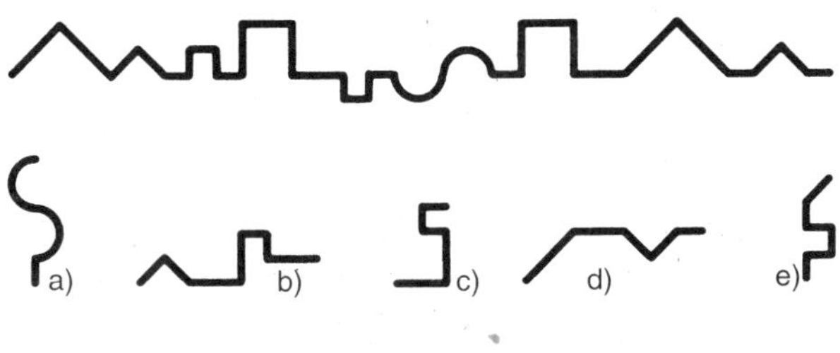

8.

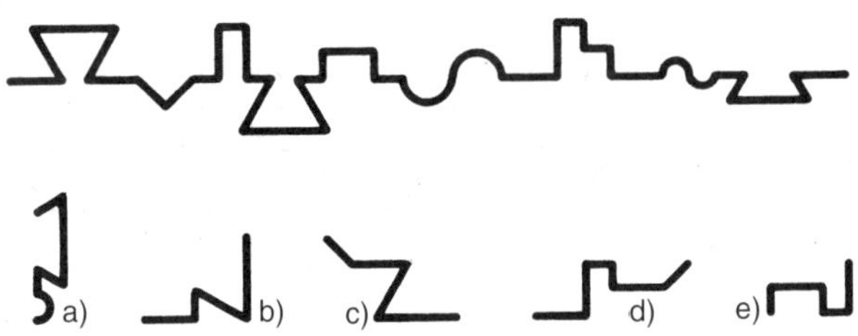

Für jedes richtig entdeckte Teilstück gibt es 2 Punkte! **Punkte:** ____________

*Die nachstehenden Linien **I–VI** verfolge zuerst nur mit den Augen, ohne die Hilfe eines Bleistifts oder Fingers! Beginne jeweils mit der linken Linie und verfolge sie bis nach unten, dann bei der mittleren und anschließend bei der rechten Linie! Welche Ziffer ist mit welchem Buchstaben jeweils verbunden?*

I

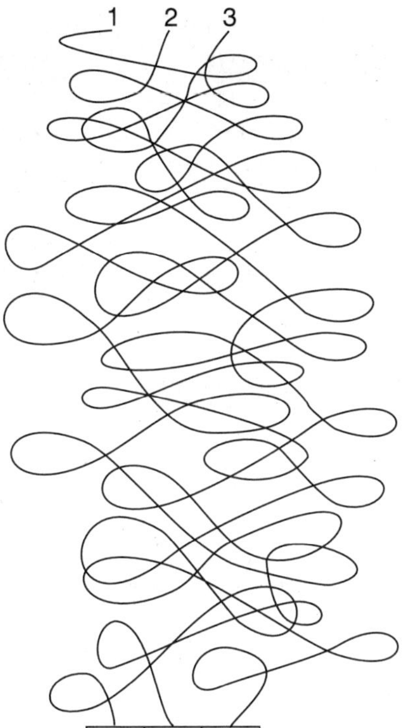

A	B	C

II

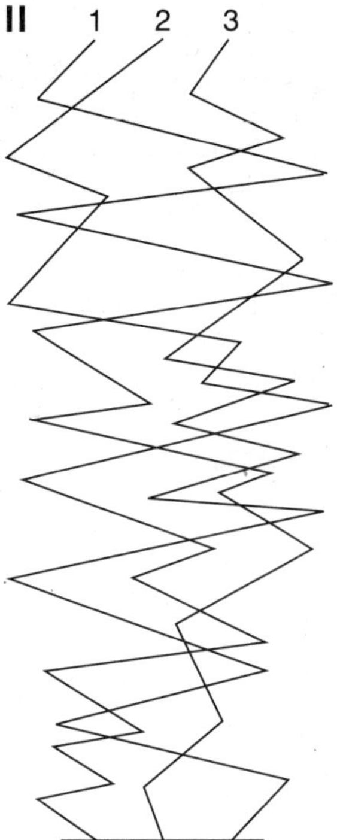

A	B	C

III

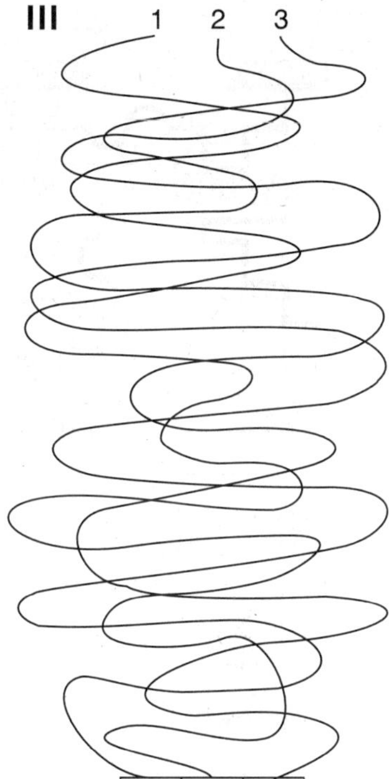

A	B	C

IV

A	B	C	D	E

V

A	B	C	D	E

VI

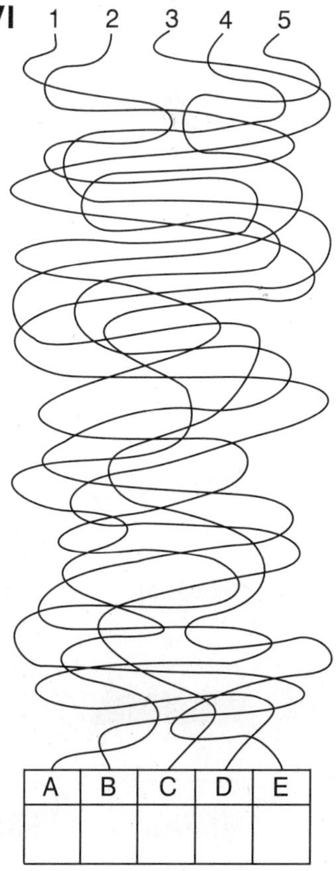

A	B	C	D	E

Für jede richtige Zuordnung gibt es 2 Punkte! **Punkte:** ____________

A 15 Schwarz-weiße Streifen

*In den beiden Kästen **A+B** findest du jeweils 5 „schwarz-weiße Streifen", die durch Lücken unterbrochen sind. Diese Lücken sollst du mithilfe der Teilstücke (**A–T**) schließen. Schreibe in die Kreise den Buchstaben des Teilstücks, das die entsprechende Lücke jeweils schließt! Die Länge der Teilstücke ist unerheblich. Einzelne Teilstücke darfst du mehrmals verwenden.*

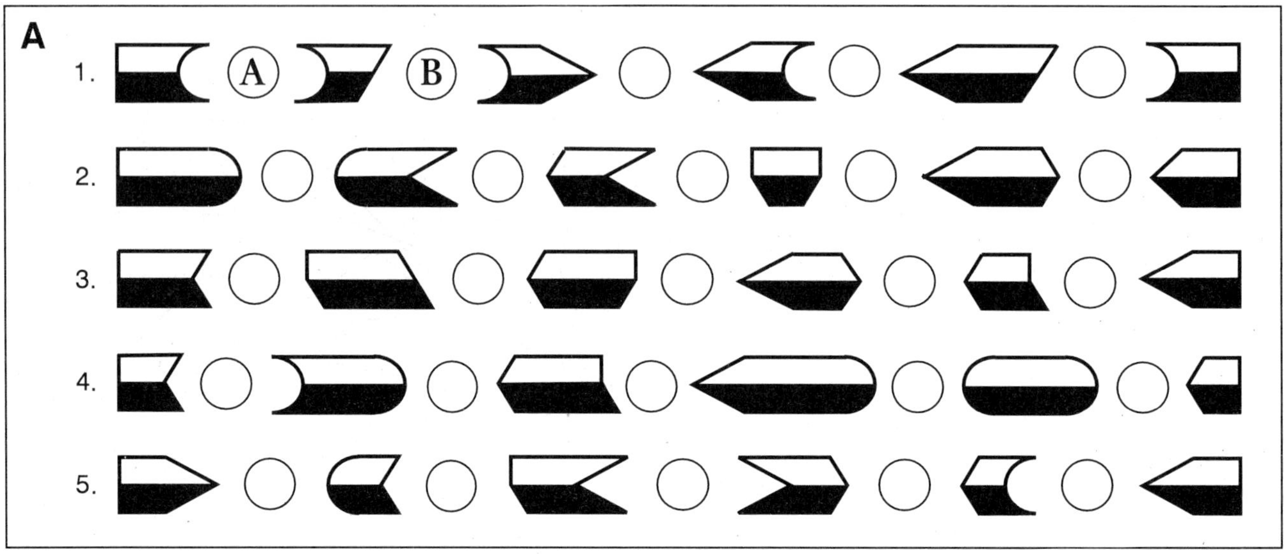

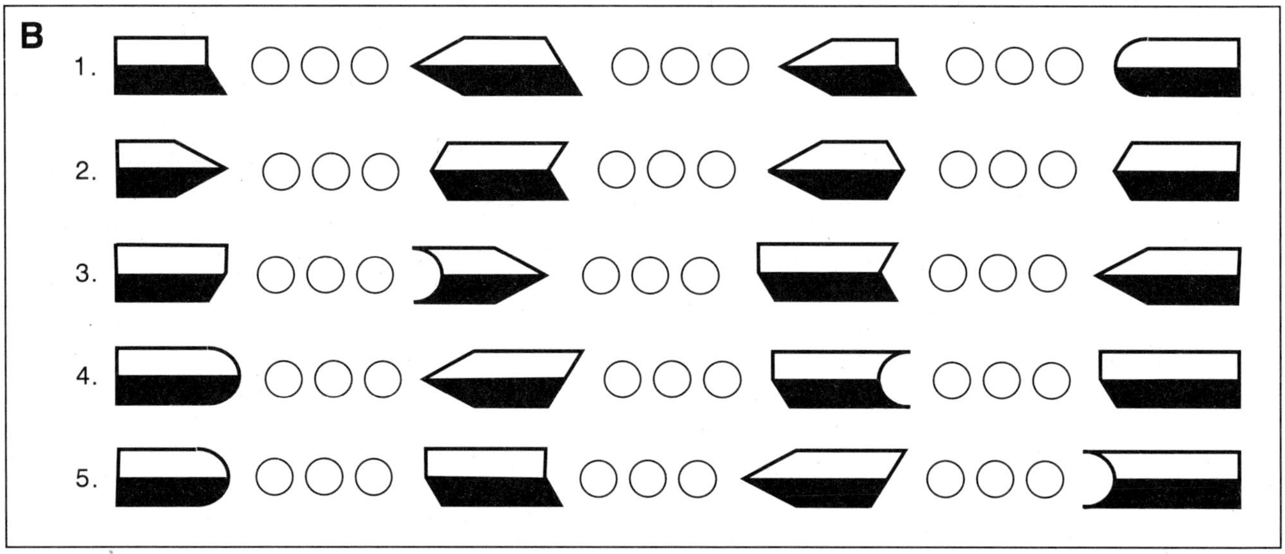

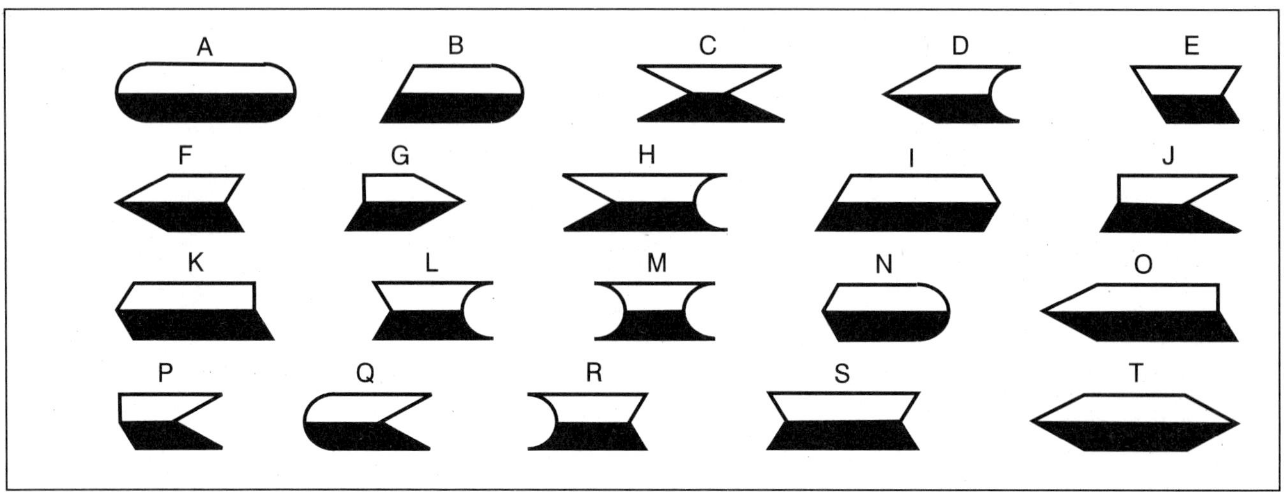

Für jeden richtig geschlossenen Streifen gibt es 5 Punkte! **Punkte:** ____________

„Scharadoide" sind Wörter, die nicht nach Silben, sondern willkürlich getrennt und hier in verschiedenen Figuren(-Gruppen) geschrieben sind. Die Figuren sind durch Linien miteinander verbunden. Verfolge sie und setze die Wortbestandteile zu sinnvollen Substantiven zusammen! Notiere die 10 Wörter!

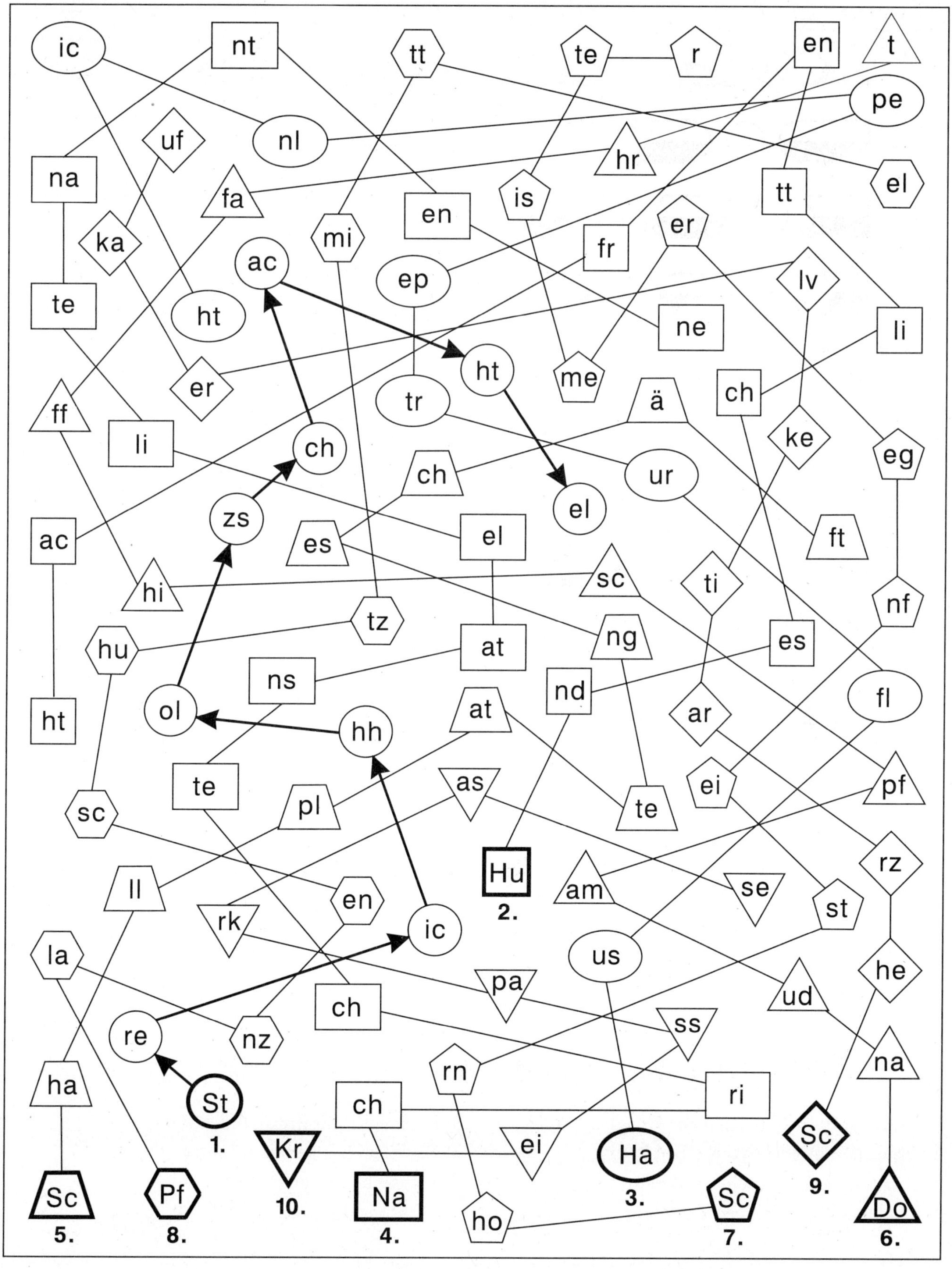

Für jedes richtig notierte Wort gibt es 3 Punkte! **Punkte:** ____________

A 17 Figuren mit Zeichen

Hier siehst du ein Feld mit geometrischen Figuren, in die Buchstaben und Zahlen eingetragen sind. Konzentriere dich und zähle wie unten verlangt.

1. Kreise mit Großbuchstaben ______________
2. Dreiecke mit Kleinbuchstaben ______________
3. Quadrate mit römischen Zahlen ______________
4. Ovale mit zweistelligen Zahlen ______________
5. Rechtecke mit dreistelligen Zahlen ______________
6. Fünfecke mit geraden Zahlen ______________
7. Sechsecke mit ungeraden Zahlen ______________

Für jede richtig gezählte Anzahl von Figuren gibt es 3 Punkte! **Punkte:** ______________

Hier siehst du verschiedene Gruppen von Symbolen, die du zählen sollst. Beachte dabei, dass die weißen Symbole ***einfach*** *und die schwarzen* ***doppelt*** *zählen. Bevor du beginnst, überlege, wie du am besten vorgehst!*

○	△	□	▭	⬭	⬡
○	△	□	▭	⬬	⬡
●	▲	■	▬		⬢

Für jede richtig gezählte Symbol-Gruppe gibt es 5 Punkte! **Punkte:** ____________

A 19 Geschätzt – gezählt

*In den folgenden 3 Kästen (***A–C***) befinden sich verschiedene geometrische Figuren. Bei* **A** *und* **B** *„schätze", dann „zähle" sie! Bei* **C** *zähle die Anzahl der jeweils unterschiedlichen Figuren!*

A

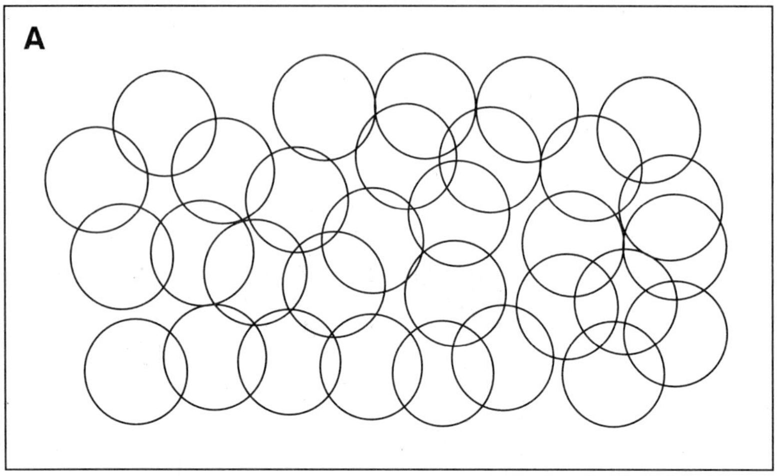

geschätzt
(   )

gezählt
(   )

B

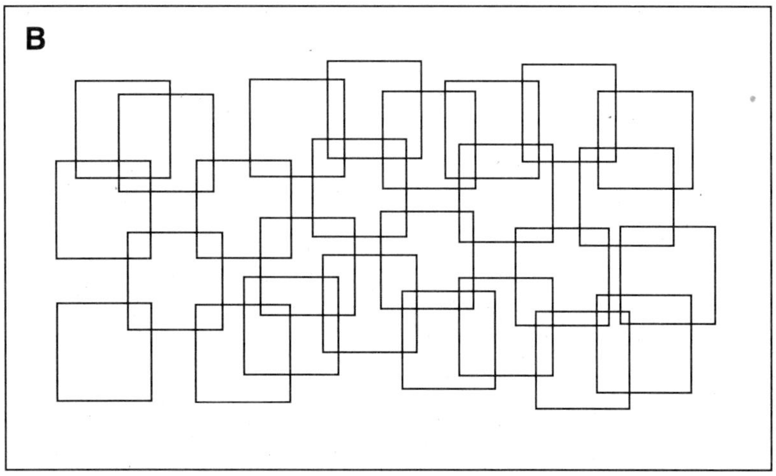

geschätzt
(   )

gezählt
(   )

C

Kreise: ______ Dreiecke: ______ Rechtecke: ______ Quadrate: ______

Für jede richtig gezählte Anzahl geometrischer Figuren (A und B) gibt es jeweils 10 Punkte. Bei C gibt es für jede richtig gezählte Anzahl jeweils 5 Punkte!

Punkte: ____________

Hier sind Bögen, Mauern, Türme aus „Würfeln“ gebaut worden. Zähle erstens, aus wie vielen Würfeln die 15 Figuren jeweils bestehen. Schreibe die Anzahl der Würfel rechts in die Klammern. Überlege dann, wie viele Würfel bei den Figuren 1, 3, 6, 9, 10, 11, 14 und 15 hinzugefügt werden müssen, damit vollständige Kästen (Quader) entstehen.

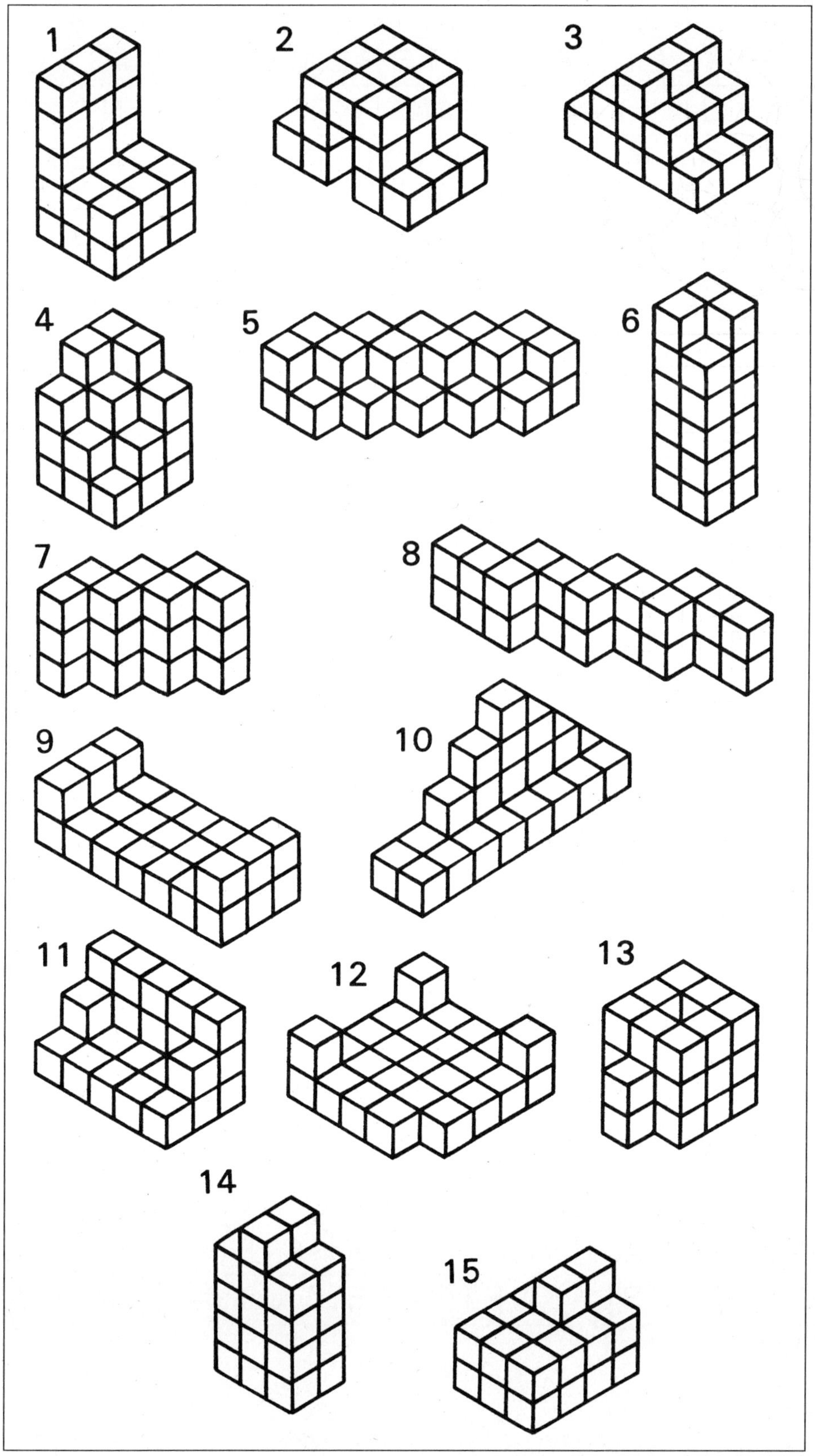

1. (   ) (   )
2. (   )
3. (   ) (   )
4. (   )
5. (   )
6. (   ) (   )
7. (   )
8. (   )
9. (   ) (   )
10. (   ) (   )
11. (   ) (   )
12. (   )
13. (   )
14. (   ) (   )
15. (   ) (   )

Für die 1. richtig gelöste Aufgabe gibt es 2 Punkte, für die 2. jeweils 4 Punkte! **Punkte:** ____________

A 21 Wortschlange

Diese „Wortschlange“ besteht aus vielen aneinander gereihten Substantiven. Das Besondere daran ist, dass der Endbuchstabe des einen Wortes zugleich der Anfangsbuchstabe des folgenden Wortes ist. Kreise diesen „gemeinsamen“ Buchstaben jeweils ein und zähle die Wörter. Dann lies die Wortschlange zügig vor!

→ WORTAUBEISENBAHNOTBREMSEILZUGARTENEUBAUFERBEFESTIGUNGASTGEBEROLLSCHUHLAUFAMILIELEFANTENKALBUSFAHRERASTSTÄTTEINGANGSSTEMPELUFTKURORTAUBENZÜCHTERVEREINOTUNTERKUNFTASCHENDIEBSTAHLANDESHAUPTSTADTURMKREUZUCKERDOSEISENARRENSTREICHELTERNSPRECHTAGARTENLAUBENTWICKLUNGESPRÄCHSGEGENSTANDACHRINNEISENBAHNVERKEHRADIERGUMMINDUSTRIEBETRIEBAUGERÜSTAUCHERBRILLELENDSVIERTELANDEBAHNILPFERDPEITSCHELEKTROMOTORASENMÄHERUMMELPLATZWEITWOHNUNGLETSCHERMILCHAUSTÜRRAHMENEBELLICHTANZVERGNÜGENATURSCHUTZPARKRAGENWEITEICHENBAUMAUSEFALLEUKALYPTUSBONBONYMPHENSITTICHAARAUSFALLEIERKASTENMANNIEDERSCHLAGROSCHENBLATTRAUMDEUTERECHTSANWALTROSTPREISAUERBRATENASENLOCHAUTKRANKHEITINTENKLECKSAUBERKEITIROLERHUTANTEIGENHEIMUTTERMALUXUSHOTELANDZUNGEINRICHTUNGSGEGENSTANDURSTIGERITTERGUTAUSCHHANDELICHTHUPESELASTWAGENACHTARZANISTKASTENISTPLATZIMMERNACHBARIECHFLASCHELCHASENPFOTEIMERUCKSACKUHSTALLAGERPLATZIPFELMÜTZERFOLGIFTANKERILLERBEILENDE

Für jedes richtig gezählte Wort gibt es 1 Punkt! **Punkte:** ____________

Diese an ein Labyrinth erinnernde „Kette“ besteht aus vielen Städtenamen. Das Besondere daran ist, dass der Endbuchstabe der einen Stadt (z. B. Aachen) zugleich der Anfangsbuchstabe der folgenden Stadt (Nürnberg) ist. Markiere jeweils den „gemeinsamen“ Buchstaben und zähle die Namen! Wie viele Städte sind es?

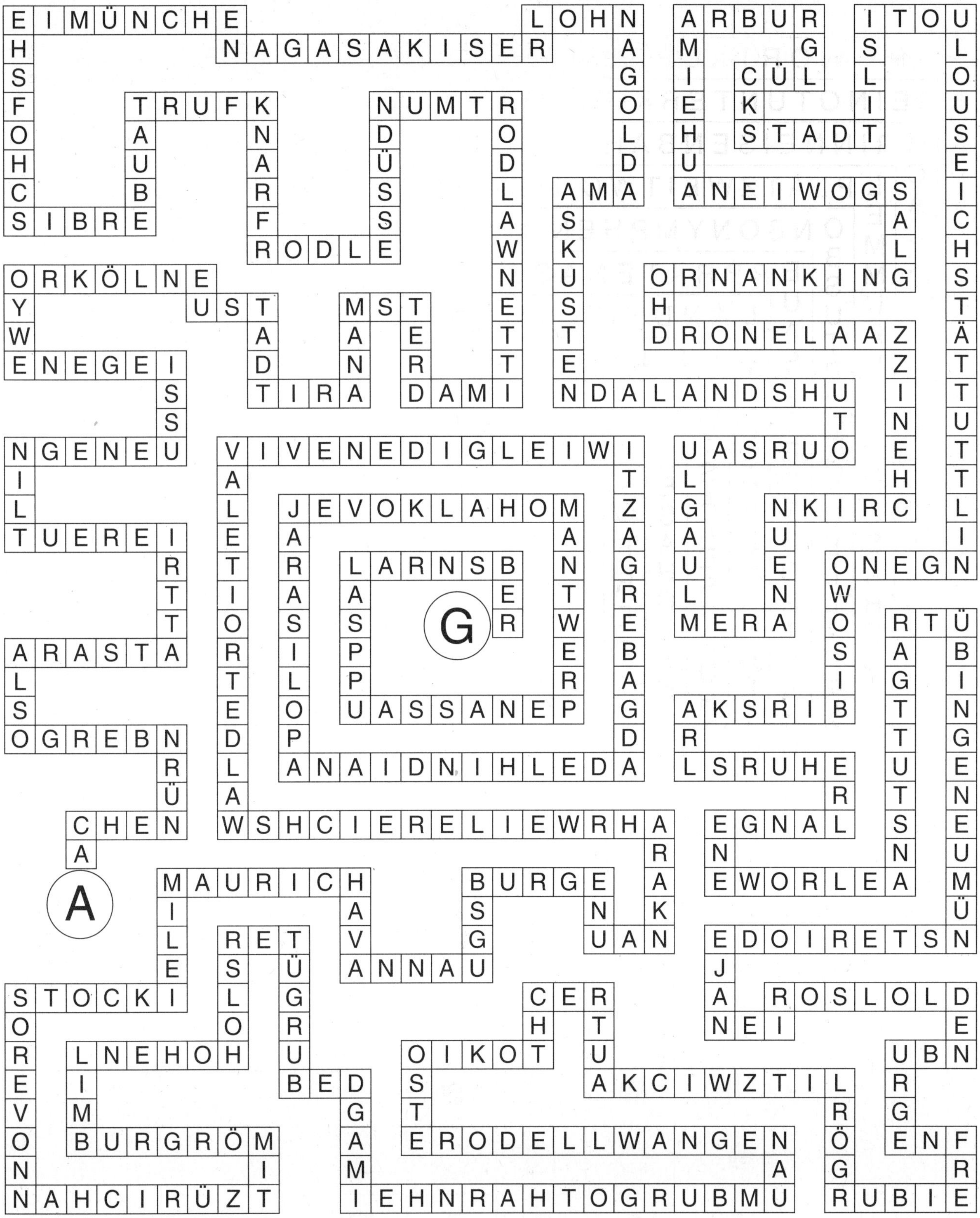

Es sind ______ Städtenamen.

Für jede richtig gezählte Stadt gibt es 1 Punkt! **Punkte:** ____________

A 23 Zum Knobeln 1

Knobeln macht Spaß! Lies aufmerksam die folgenden 4 Aufgaben und arbeite („knoble“) mit einem Blei- oder Buntstift!

1. Wie kommt man von A nach B, wenn man an allen Quadraten vorbeikommen möchte ohne einen Weg ein zweites Mal zu gehen?

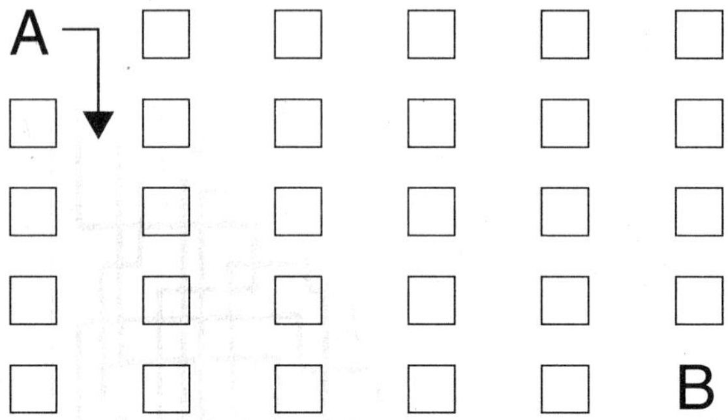

2. Die jeweils 3 Buchstaben (A, B, C) sollen in jede Reihe des großen Quadrates so eingesetzt werden, dass senkrecht und waagerecht jeder Buchstabe nur einmal vorkommt!

A A A A

B B B B

C C C C

	D		
			D
		D	
D			

3. Wie gelangt man mithilfe einer Linie von A nach B, sodass sie durch alle 36 Felder führt?

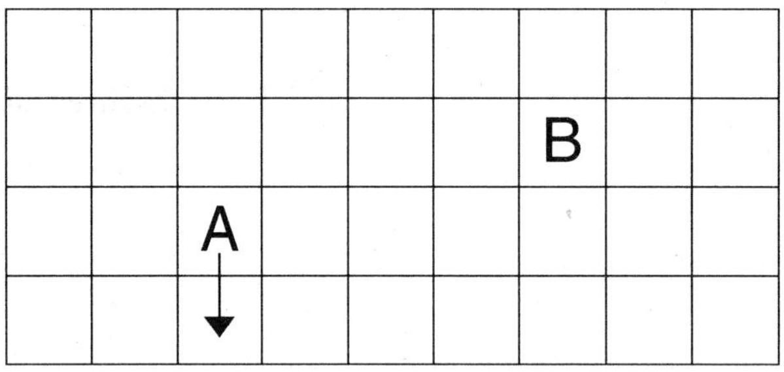

4. In diesen 16 Feldern sind 4 Symbole jeweils 4-mal verteilt. Prüfe dies! Dann trenne durch dicke Striche die 16 Felder so voneinander ab, dass sich in jeweils 4 zusammenhängenden Feldern die 4 unterschiedlichen Symbole befinden!

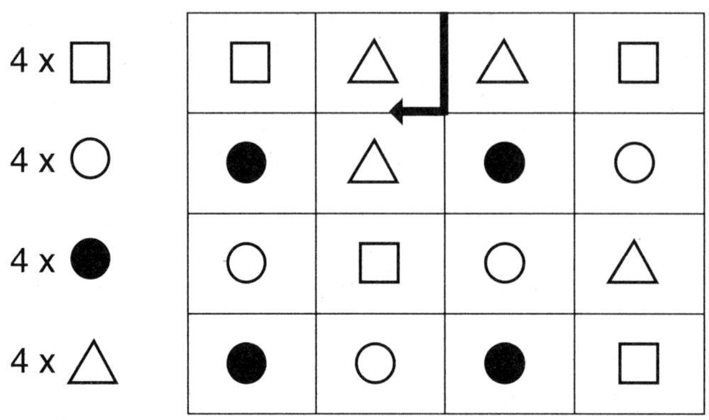

Für jede richtig gelöste Knobelaufgabe gibt es 4 Punkte! **Punkte:** ____________

Knobeln macht Spaß! Lies aufmerksam die folgenden 5 Aufgaben und arbeite („knoble“) mit einem Blei- oder Buntstift.

1. Welche Ziffer ist mit welchem Buchstaben verbunden? Schreibe die Buchstaben in der richtigen Reihenfolge auf!

a)

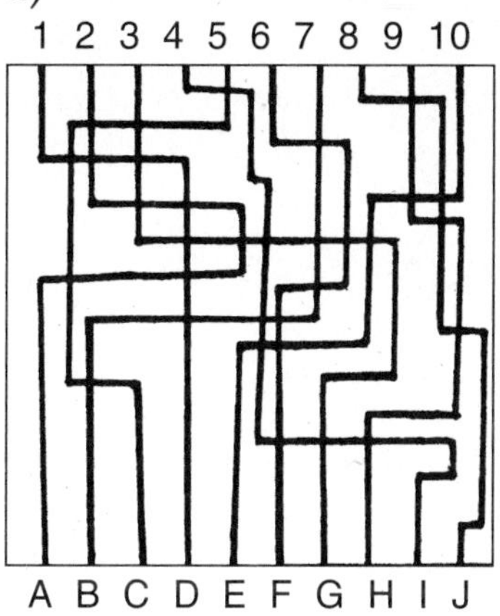

b)

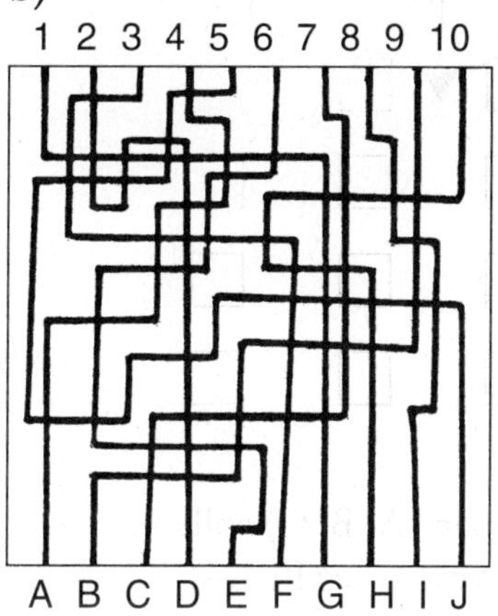

2. Welche beiden Linien sind hier parallel?

3. Welche beiden Teilfiguren sind in jeder Reihe gleich?

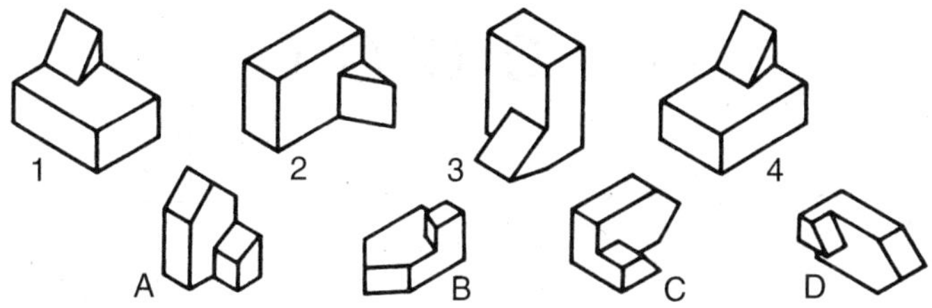

4. Gehe von Punkt A zu Punkt B, dass du so wenig Tore wie möglich durchschreitest!

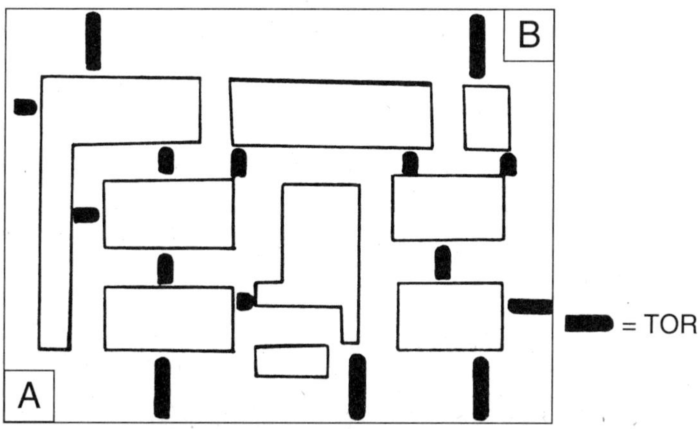

5. Überlege, aus welchen 3 Teilfiguren sich die Ausgangsfigur (A/B) jeweils zusammensetzen lässt!

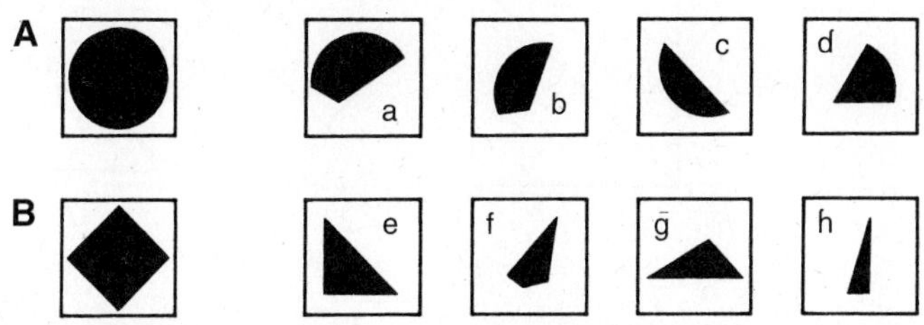

Für jede richtig gelöste Aufgabe gibt es 5 Punkte! **Punkte:** ____________

A 25 Versteckte Figuren

In den folgenden 9 Figuren „verstecken“ sich mehrere kleine und größere Quadrate, Rechtecke oder Dreiecke. Sie sollst du jeweils zählen!

1. Wie viele Quadrate findest du in dieser Figur?

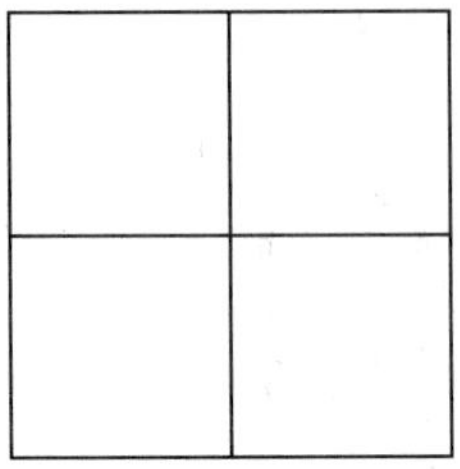

5

2. Wie viele Quadrate verstecken sich hier?

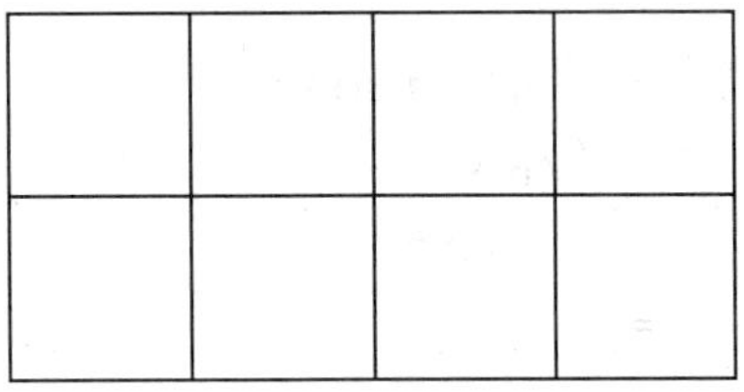

3. Wie viele Quadrate entdeckst du?

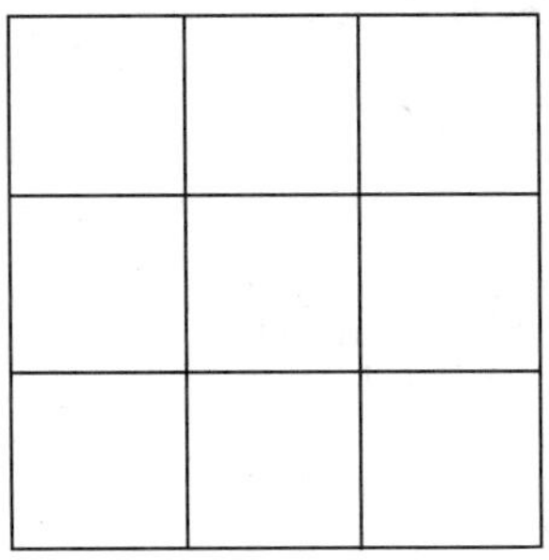

4. Wie viele Rechtecke zählst du?

5. Wie viele Rechtecke verbergen sich hier?

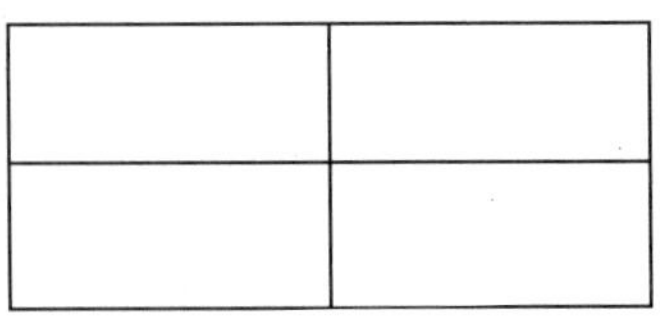

6. Wie viele Dreiecke verstecken sich hier?

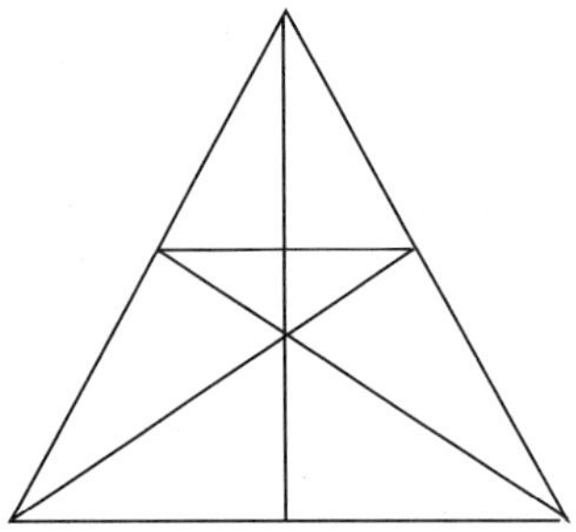

7. Wie viele Quadrate, Rechtecke und Dreiecke entdeckst du?

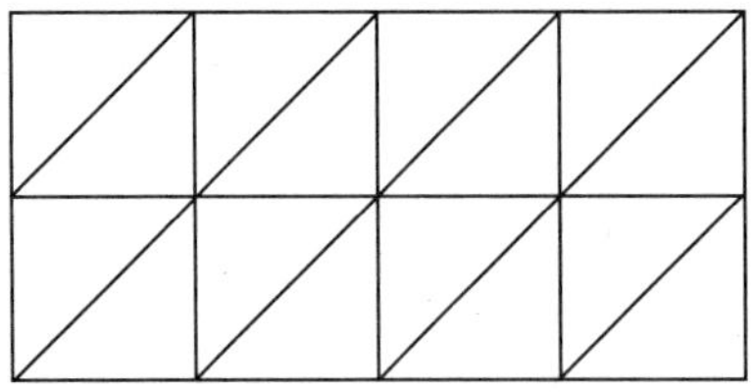

8. Wie viele Quadrate, Rechtecke und Dreiecke sind in dieser Form versteckt?

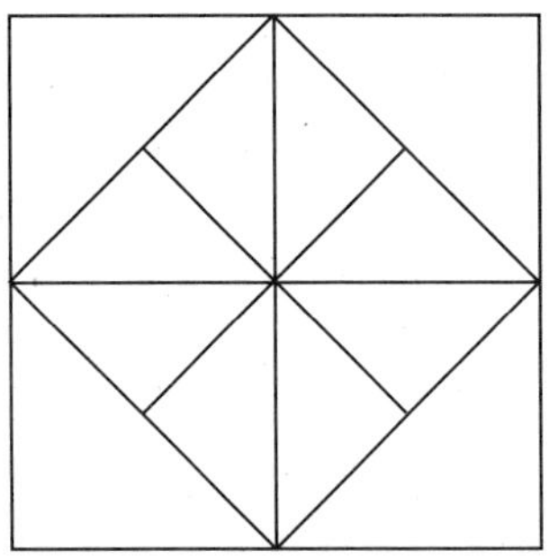

9. Wie viele Quadrate, Rechtecke und Dreiecke sind hier verborgen?

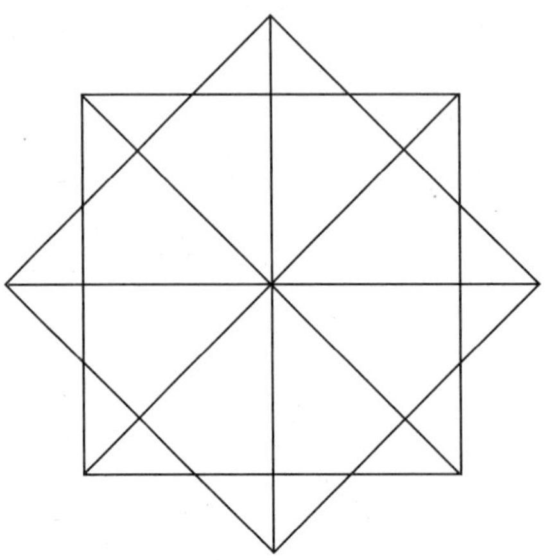

Für die richtig gezählten Figuren der Aufgaben 1–6 gibt es je 3 Punkte, für 7–9 jeweils 9 Punkte!

Punkte: ______________

Diese 10 Spiele kannst du ohne Streichhölzer durchführen. Streiche die Hölzer aus, die du verlegen musst, und zeichne sie dort ein, wohin sie gelegt werden müssen!

1. Lege 3 Hölzer so um, dass 3 gleich große Quadrate entstehen!

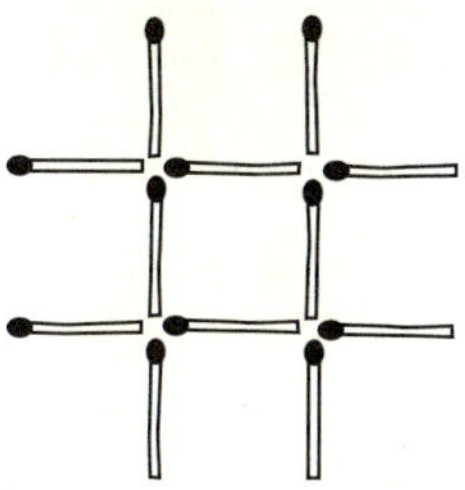

2. Lege 4 Hölzer so um, dass 3 gleich große Dreiecke entstehen!

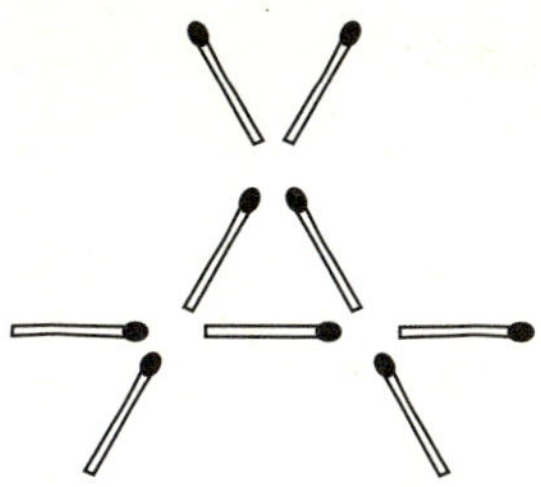

3. Entferne 4 Hölzer so, daß 2 Quadrate übrig bleiben!

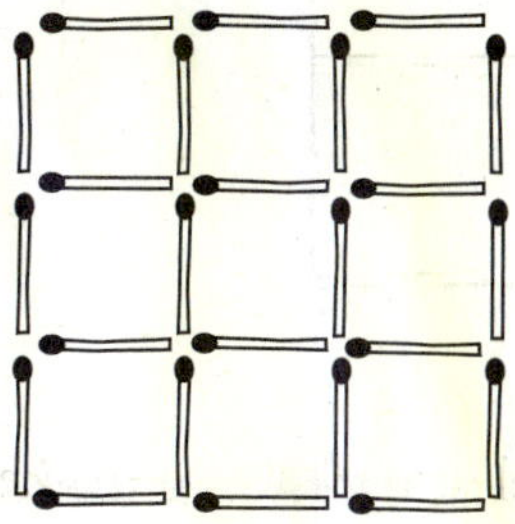

4. Verlege 6 Hölzer so, dass wieder ein Stern entsteht, der aus 6 gleich großen Vierecken besteht!

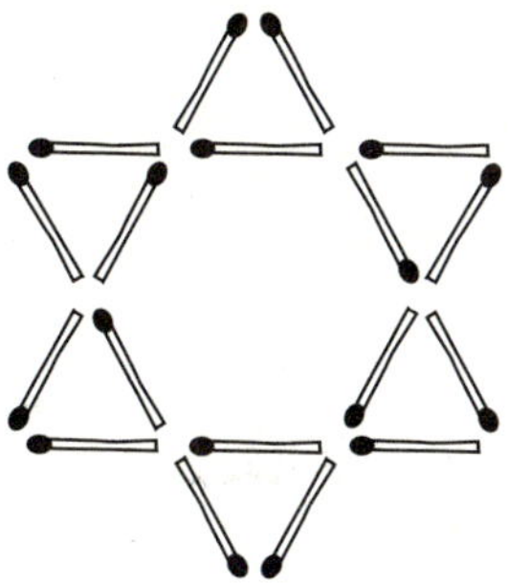

5. Lege 5 Hölzer so um, dass 3 gleich große Quadrate entstehen!

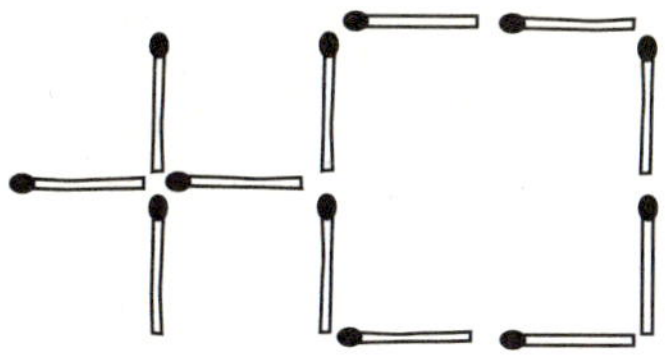

6. Lege 3 Hölzer so um, dass 4 Quadrate entstehen, die gleich groß sind!

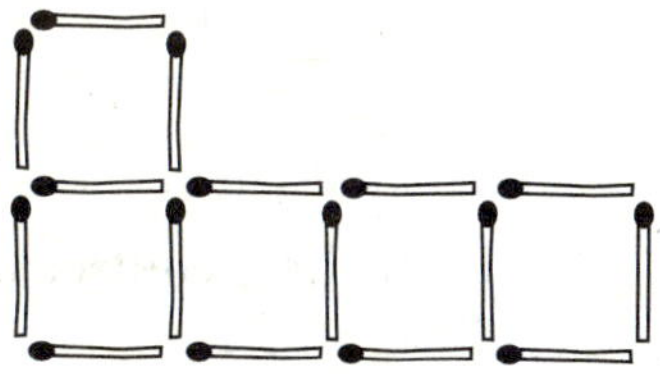

7. Durch Umlegen von 4 Hölzern sollst du aus den 5 Quadraten 4 machen!

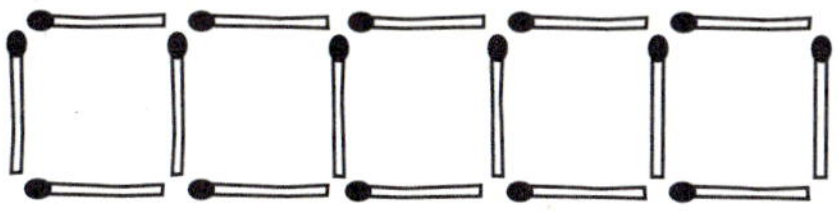

8. Die 5 Rechtecke sollen in 5 Quadrate verwandelt werden!

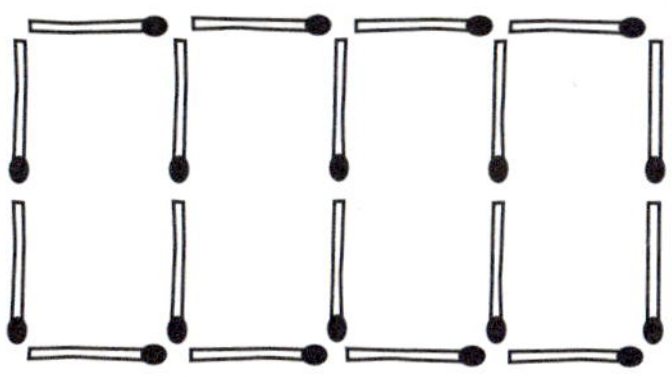

9. Es sollen 8 Hölzer so weggenommen werden, dass 6 Quadrate übrig bleiben!

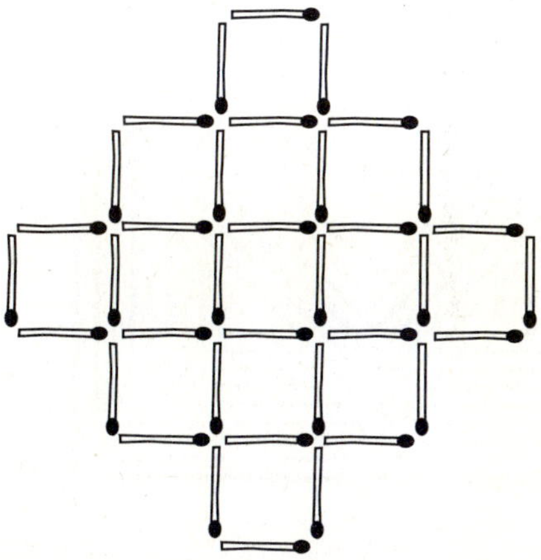

10. Könnt ihr aus diesen 5 Quadraten 7 machen? Ihr dürft aber nur drei Hölzer umlegen!

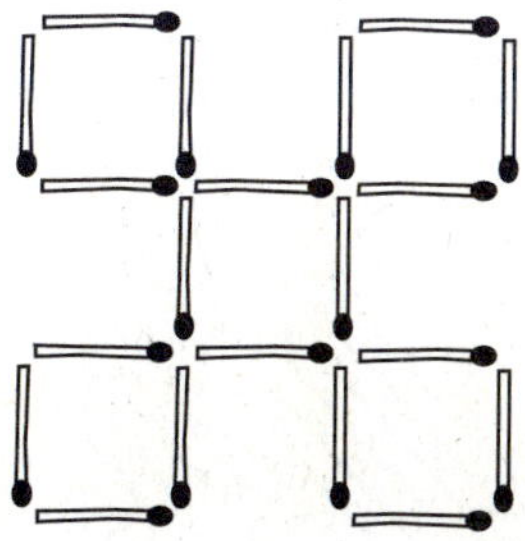

Für die richtig gelösten Aufgaben 1–6 gibt es je 4, für 7–10 jeweils 8 Punkte! **Punkte:** ____________

A 27 Labyrinthe

Labyrinthe sind jahrtausendealte Irrwege, verschlungene und sich windende Pfade, z. B. in Felsen gemeißelt oder in den Sand der Wüste gezeichnet. Labyrinthe scheinen lange Wege ohne Kehren oder Abzweigungen zu sein. Versuche, vom Eingang (E) eines jeden Labyrinths zu dessen Mitte (M) zu gelangen! Zeichne die (Lösungs-)Wege zunächst mit Blei-, dann mit Buntstift!

1.

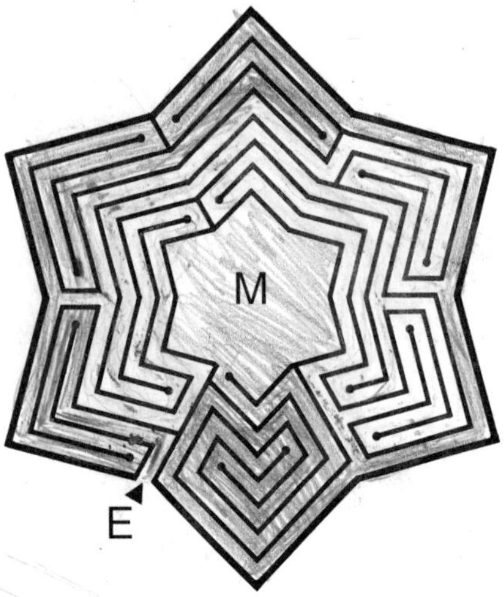

2.

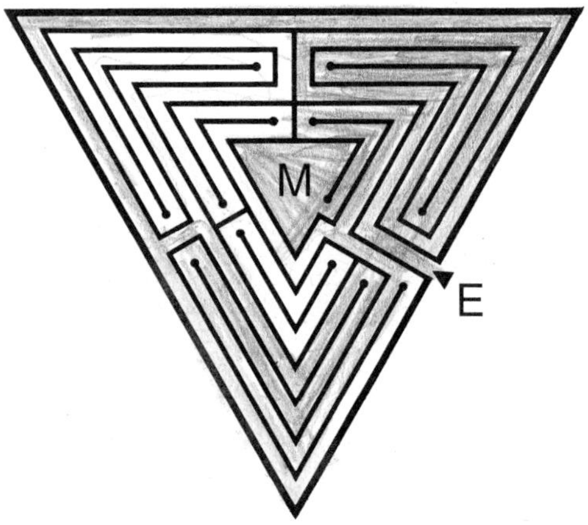

3.

4.

5.

6.

Für jeden richtigen „Lösungsweg" gibt es 4 Punkte! **Punkte:** ____________

Dieses Spiel heißt „Pentomino“ und geht auf den Amerikaner Colomb zurück. Er spielte es auf einem Schachbrett. Du sollst dieses Spiel so durchführen: Schraffiere in jedem der 20 Felder mit Bleistift jeweils fünf kleine Kästchen, die aneinander hängen müssen! Auf diese Weise entdeckst du 20 verschiedene Figuren.

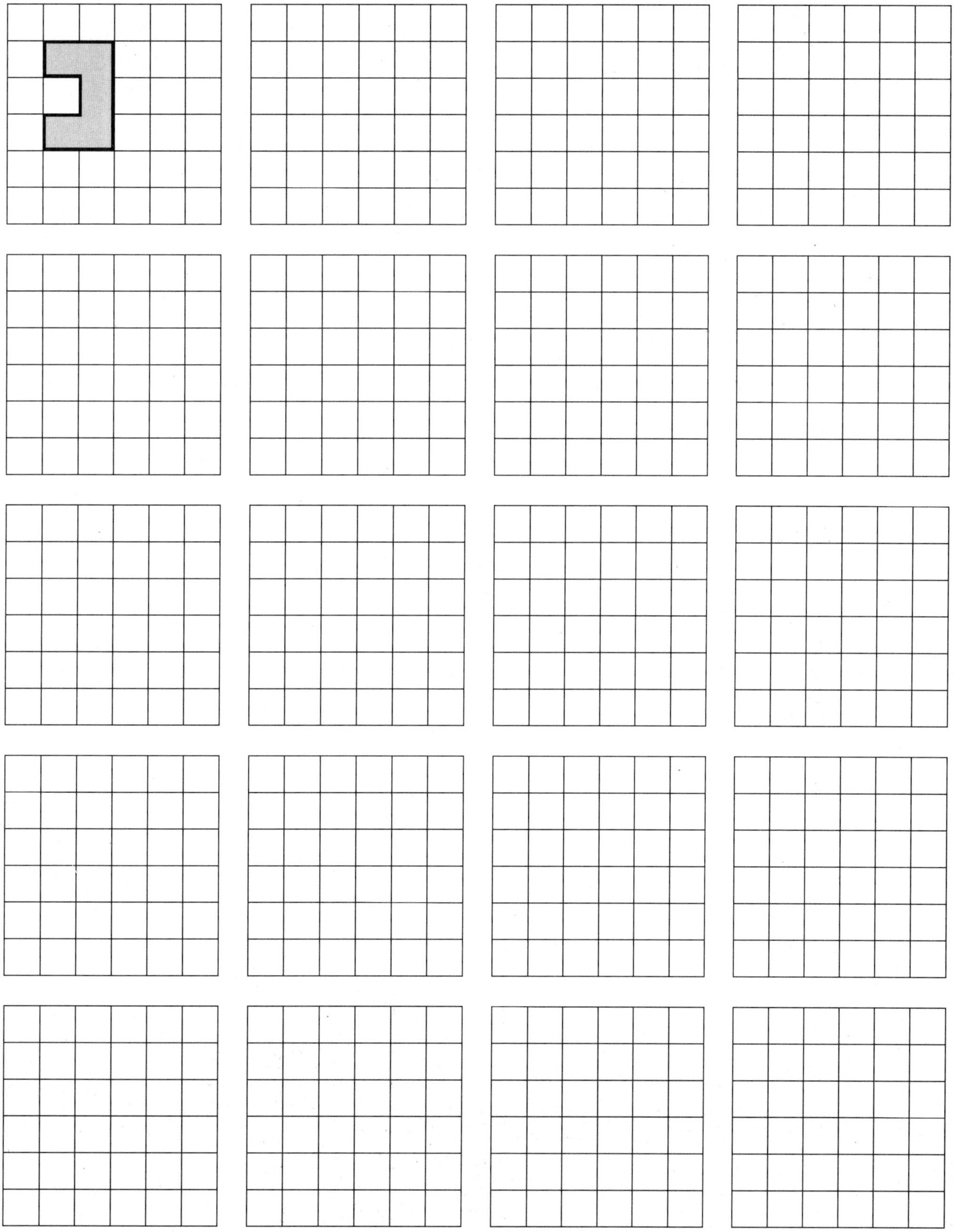

Für jede entdeckte Figur gibt es 2 Punkte! **Punkte:** ____________

A 29 Punktschrift

Diese Schrift besteht aus Punkten, die in dickes Papier gedruckt werden, sodass sie „erhaben“ hervorstehen. Blinde können diese Schrift mit den Fingerspitzen lesen.

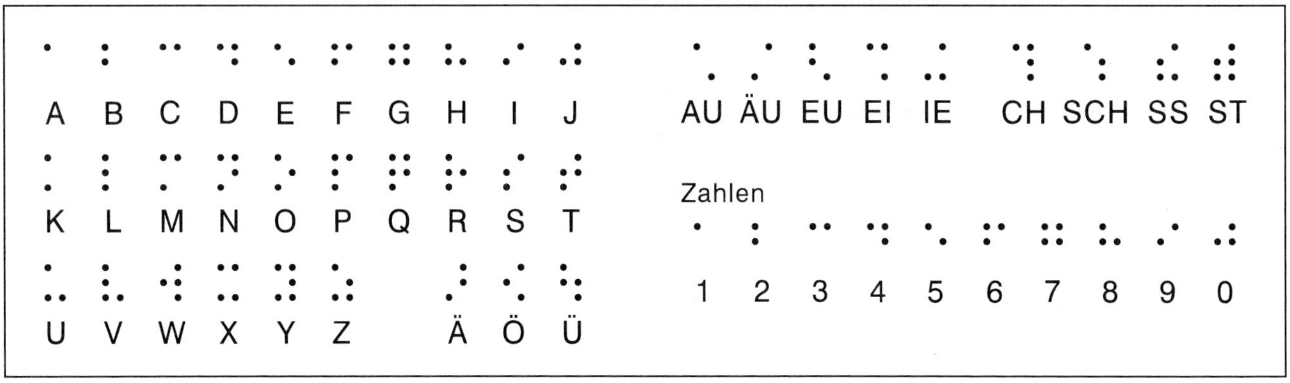

1. Merke dir in Punktschrift die Vokale und notiere sie: a, e, i, o und u!

2. Schreibe in Punktschrift die folgenden Konsonanten: b, d, p, q, u, w und y!

3. Schreibe in Punktschrift die folgenden Zahlen: 4, 8, 0, 7, 16, 25, 33, 89 und 100!

4. Schreibe in Punktschrift die folgenden Wörter: „Tat“, „Mut“, „Eis“, „Käfig“, „Schule“ und „Schüler“!

5. Übersetze den in Punktschrift geschriebenen Satz!

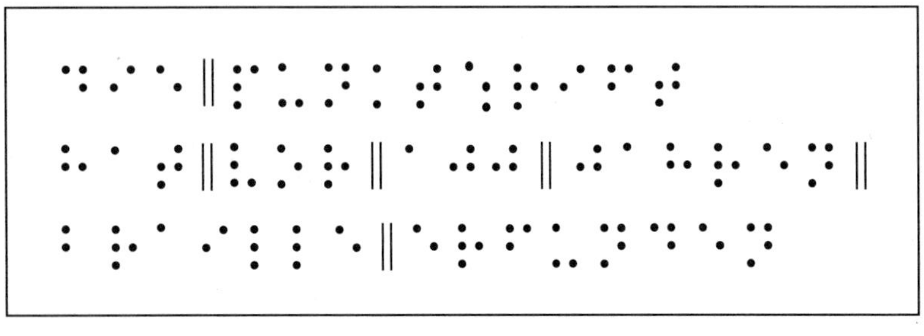

Für die in Punktschrift richtig geschriebenen Wörter gibt es jeweils 2 und für die Übersetzung des Satzes ebenfalls 2 Punkte!

Punkte: ______________

Bei dieser Schrift entspricht jeder Buchstabe einem „Geheimzeichen". Merke dir möglichst viele Zeichen!

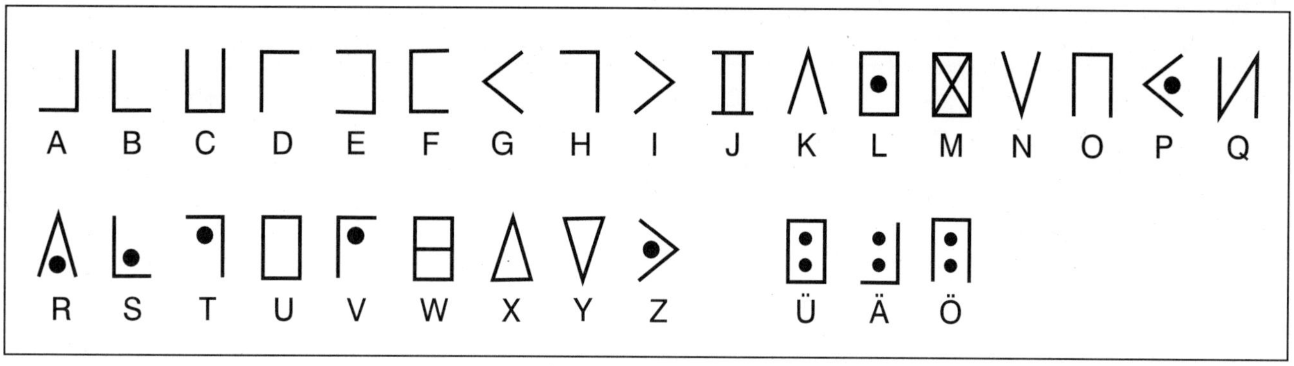

1. Wer entschlüsselt als Erster den folgenden Text? Er handelt von einer aufregenden Entdeckung. Beachte, dass alle Wörter durch Schrägstriche getrennt sind und die Satzzeichen fehlen!

2. Verschlüssele für eine geheime Botschaft die Wörter: „Insel, Schatz, Gold, Felsen, Norden, Bucht, Gefahr, Rettung" und schreibe sie ins Heft!

Für die Aufgaben 1 und 2 gibt es zusammen 30 Punkte.
Für jeden Fehler ziehe 1 Punkt ab!

Punkte: ______________

A 31 Morseschrift

Früher wurde in der Telegrafie, der elektrischen Fernübertragung von Nachrichten, fast ausschließlich das Morsealphabet benutzt. Es ist aus Punkten und Strichen zusammengesetzt. 1837 meldete es Samuel Morse in Washington als Patent an.

a	•—	n	—•	ch	————	!	——••——
ae	•—•—	ñ	——•——	1	•————	Bindestrich	—••••—
à, á	•——•—	o	———	2	••———	Apostroph	•————•
b	—•••	oe	———•	3	•••——	Bruchstrich	——————
c	—•—•	p	•——•	4	••••—	Klammer	—•——•—
d	—••	q	——•—	5	•••••	Anführungszeichen	•—••—•
e	•	r	•—•	6	—••••		
é	••—••	s	•••	7	——•••	Unterstreichen	••——•—
f	••—•	t	—	8	———••	Neue Zeile	•—•—•••
g	——•	u	••—	9	————•		
h	••••	ue	••——	0	—————		
i	••	v	•••—	.	••••••		
j	•———	w	•——	;	—•—•—•		
k	—•—	x	—••—	,	•—•—•—		
l	•—••	y	—•——	:	———•••		
m	——	z	——••	?	••——••		

1. Übersetze den folgenden Text! Als Hilfe werden die einzelnen Buchstaben und Wörter durch Schrägstriche getrennt.

••• / •— / — / • / •—•• / •—•• / •• / — / • / —• // ••• / •• / —• / —•• //
•—• / •— / ••— / —— / ••—• / •—•• / ••— / ——• / —•— / ———• / •—• /
•——• / • / •—• // •—•—•— // —•• / •• / • // ••— / —— // —•• / •• / • //
• / •—• / —•• / • // —•— / •—• / • / •• / ••• / • / —• // •••••• //
•• / •••• / •—• / • // —••• / •— / •••• / —• / •••• / ———• / •••• / • //
—••• / • / — / •—• / •—•— / ——• / — // • / — / •——— / •— //
•••—— / ————— / ————— / ————— / ————— //
—•— / •• / •—•• / ——— / —— / • / — / • / •—• // •••••• // ••• / •• / • //
••• / •— / —— / —— / • / •—•• / —• // —•• / •— / — / • / —• //
••— / —• / —•• // ••—• / ——— / — / ——— / ——• / •—• / •— /
••—• / •• / • / •—• / • / —• // — / • / •• / •—•• / • // —•• / • / •—• //
• / •—• / —•• / ——— / —••• / • / •—• / ••—• / •—•• / •—•— /
—•—• / •••• / • // •••••• // ••• / •— / — / • / •—•• / •—•• / •• /
— / • / —• // ••—— / —••• / • / •—• / —— / •• / — / — / • / •—•• / —• //
— / • / •—•• / • / ••—• / ——— / —• / ——• / • /
••• / •——• / •—• / •—•— / —•—• / •••• / • // ••— / —• / —•• //
••—• / • / •—• / —• / ••• / • / •••• / •——• / •—• / ——— /
——• / •—• / •— / —— / —— / • // •••••• //

2. Übertrage den folgenden Satz in Morseschrift und schreibe ihn ins Heft! „Der Morseapparat war ein Gerät zur Übertragung von Informationen."

Für die Aufgaben 1 und 2 gibt es zusammen 30 Punkte.
Für jeden Fehler ziehe 1 Punkt ab!

Punkte: ____________

Jede der folgenden 22 „Buchstabenreihen“ weist eine bestimmte Regelmäßigkeit auf. So werden z. B. je 2, 3 oder 4 Buchstaben übersprungen; oder es interessiert die Aussprache der Buchstaben (2 Laute = 1 Buchstabe). Diese Regelmäßigkeit sollst du erkennen, bevor du jeweils den oder die letzten Buchstaben ergänzt. Als Lösungshilfe notiere dir das Alphabet in Großbuchstaben!

1. A B C D E F __G .__
2. A C E G I _____
3. B c D e F _____
4. A D G J M _____
5. Z Y X W V _____
6. A Z B Y C _____
7. Z X V T R _____
8. B c d E f _____
9. Z W T Q N _____
10. A E I O _____
11. B C D G _____
12. F L M N _____
13. A F K P _____
14. A B D E G H J K M N _____ _____
15. A B C E F G J K L _____ _____ _____
16. Z Y X X W V U U T S _____ _____ _____
17. A B X A B Y A B X _____ _____ _____
18. A B B C C C D D D _____ _____ _____
19. A B C G H I M N O _____ _____ _____
20. Z Y X A W V U B T S R _____ _____ _____
21. A C D G H I M N O P _____ _____ _____ _____
22. A E I M Q U _____

Für die richtig ergänzten Reihen 1–13 gibt es jeweils 2, für die Reihen 14–22 je 5 Punkte!

Punkte: _______________

A 33 Folgen 1

*Du siehst hier 22 Reihen mit verschiedenen Symbolen. Sieh dir jede Reihe genau an, denn sie ist nach einer bestimmten Regel (logisch) aufgebaut: Jede Reihe bildet eine „Folge". Überlege, wie jede Reihe (**1–22**) fortgesetzt bzw. ergänzt werden muss!*

1. 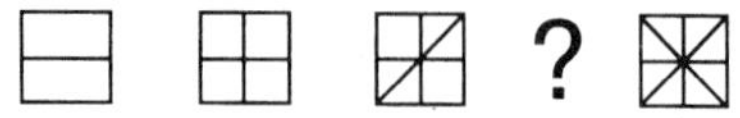
2. 
3. 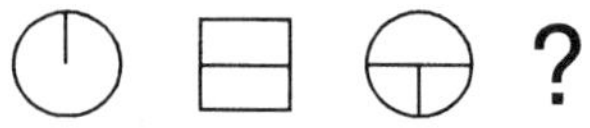
4. 
5. 
6. 
7. 
8. 
9. 
10. 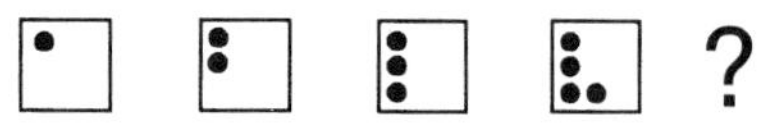
11. 
12. 
13. 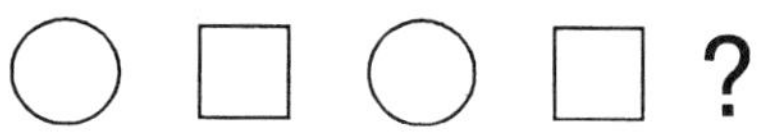
14. 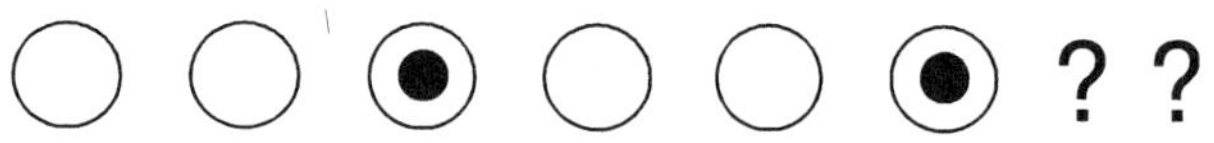
15. 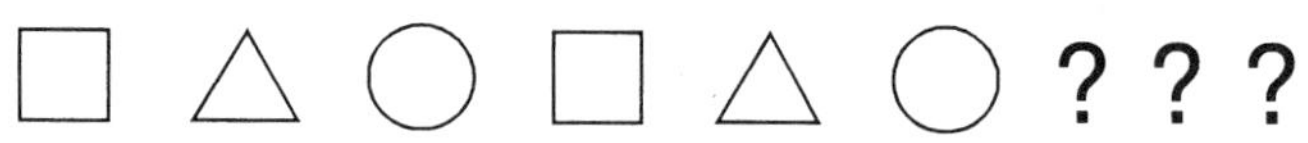
16. 
17. 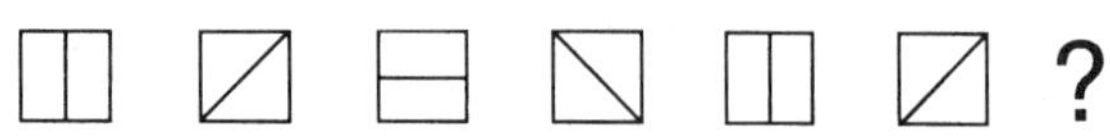
18. 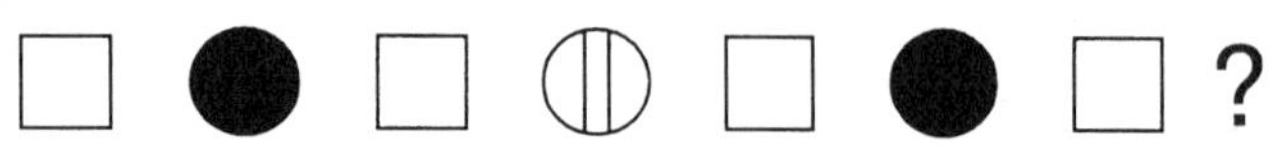
19. 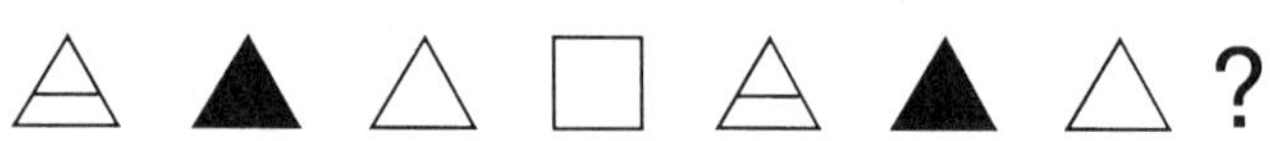
20. 
21. 
22. 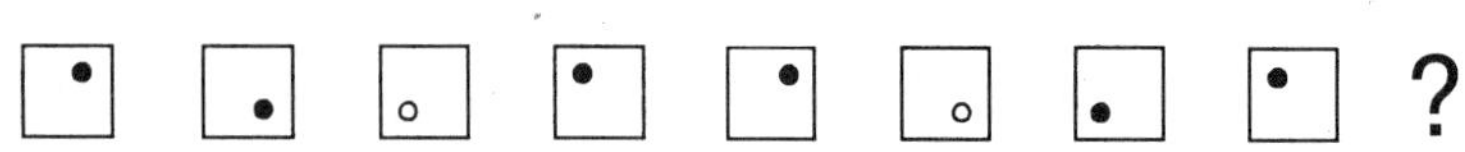

Für jede richtig ergänzte Reihe gibt es 2 Punkte! **Punkte:** ____________

*Unter den 5 Figuren einer jeden Reihe gibt es 2 Figuren, die nicht in die Reihe passen. Markiere jeweils die 2 Kästen (**a–e**), deren Figuren von den 3 anderen abweichen!*

1.

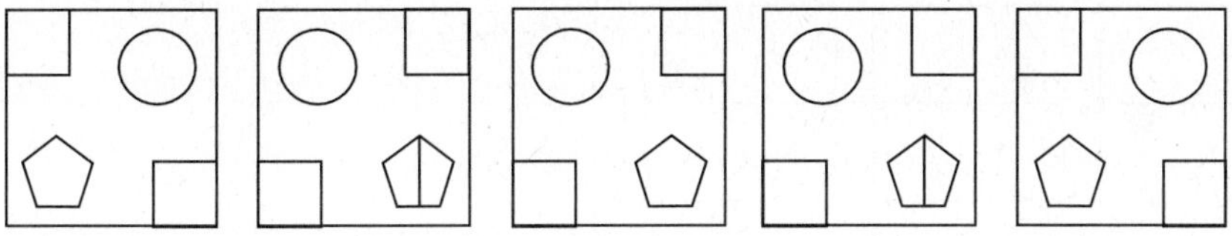

a b c d e

2.

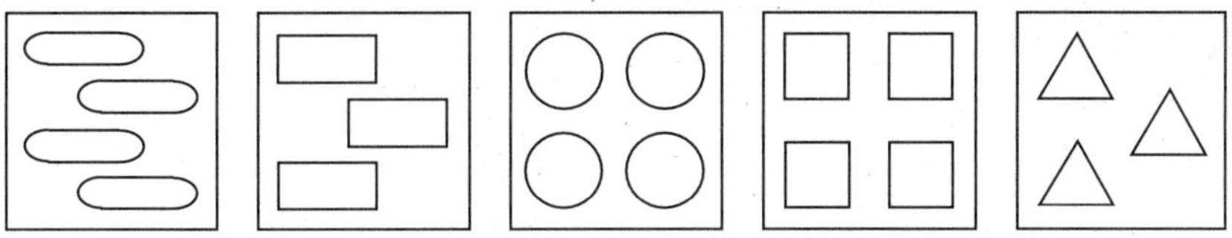

a b c d e

3.

a b c d e

4.

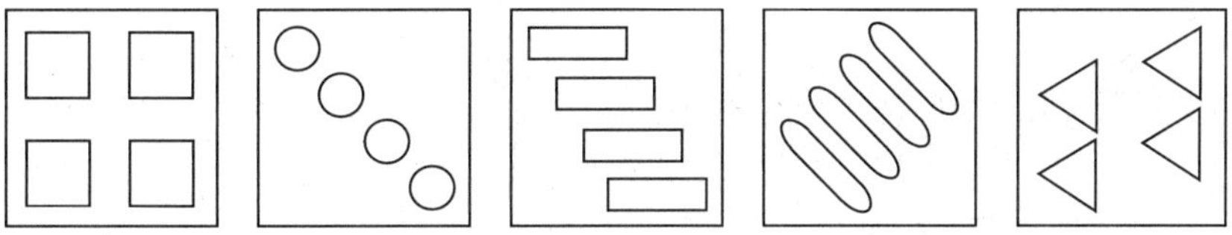

a b c d e

5.

a b c d e

6.

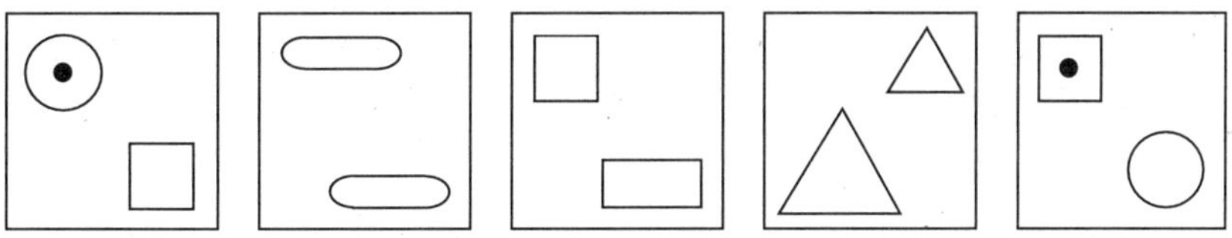

a b c d e

7.

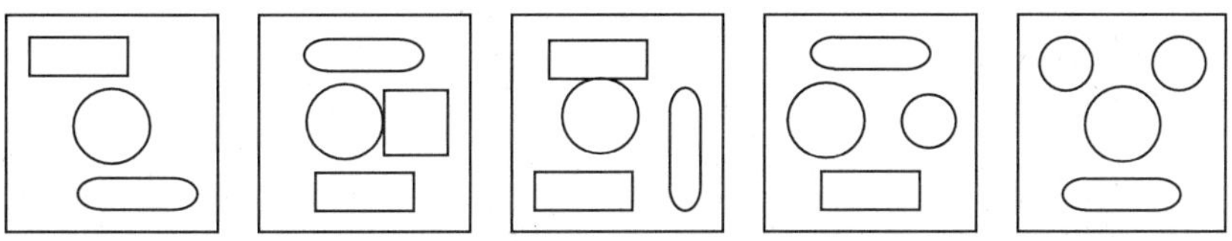

a b c d e

8.

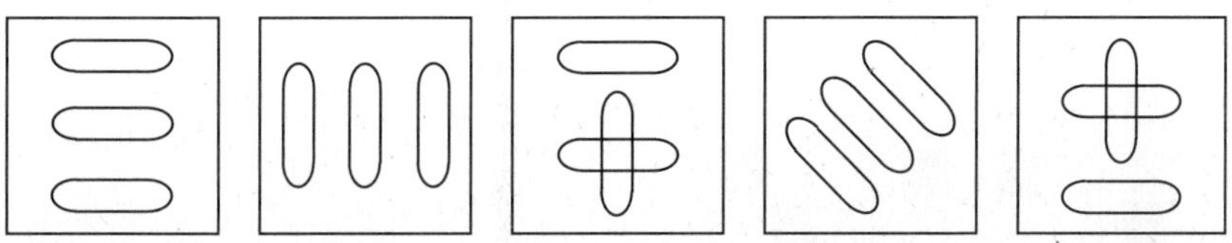

a b c d e

9.

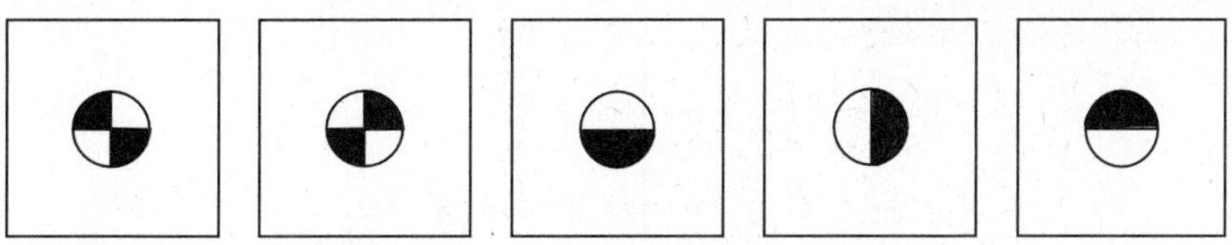

a b c d e

Für jeden richtig markierten Außenseiter gibt es 2 Punkte! **Punkte:** ____________

A35 Folgen 3

*Unter den 5 Figuren einer jeden Reihe gibt es 2 Figuren, die nicht in die Reihe passen. Markiere jeweils die 2 Kästen (**a–e**), deren Figuren von den 3 anderen abweichen!*

1.

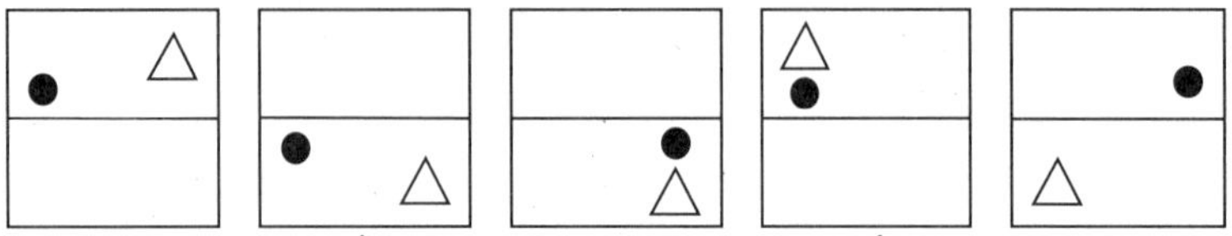

2.

3.

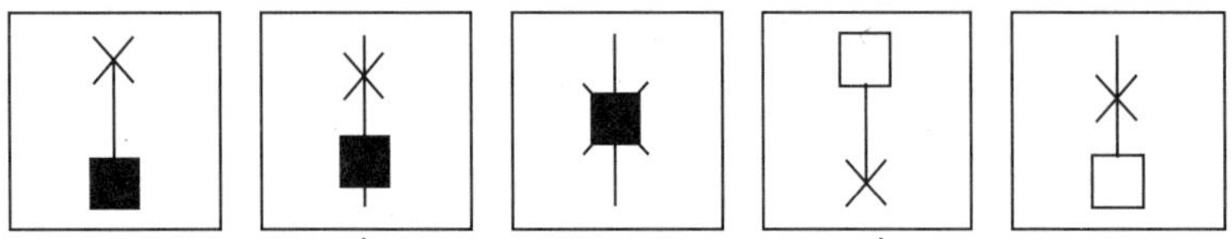

4.

5.

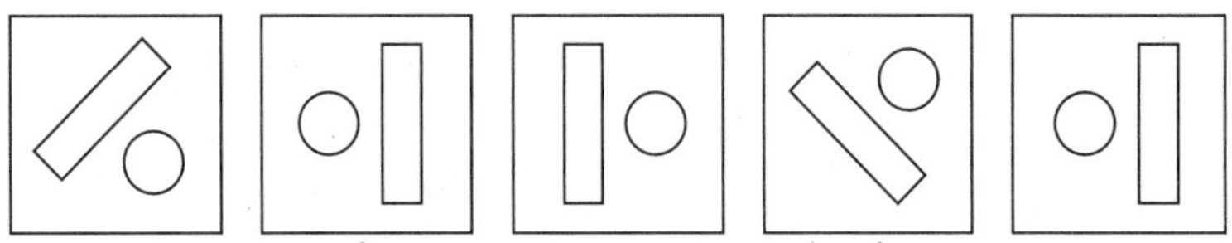

6.

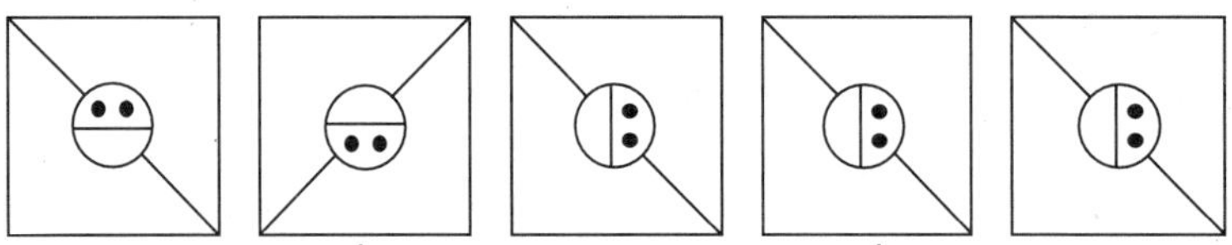

7.

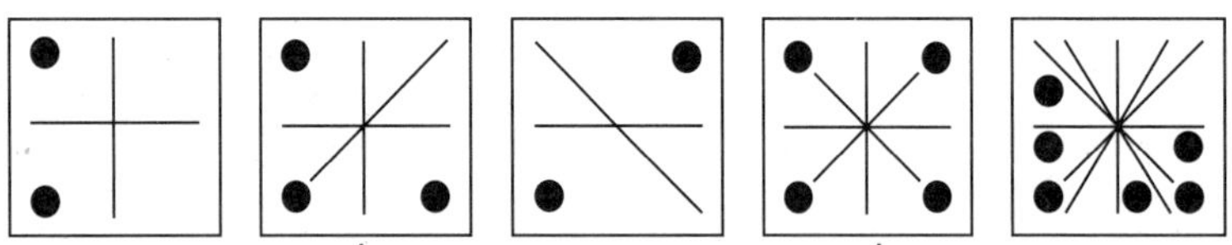

8.

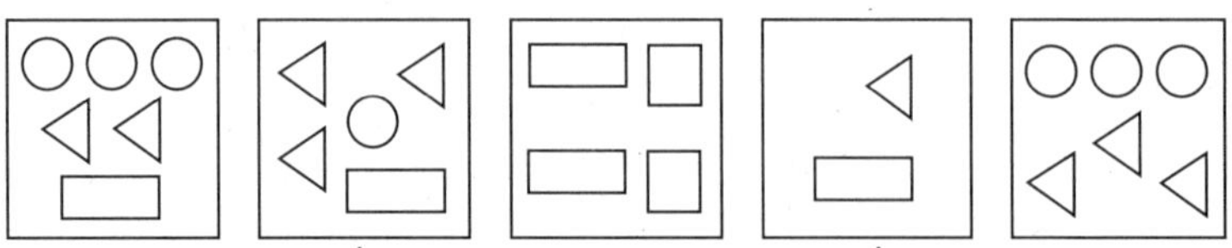

9.

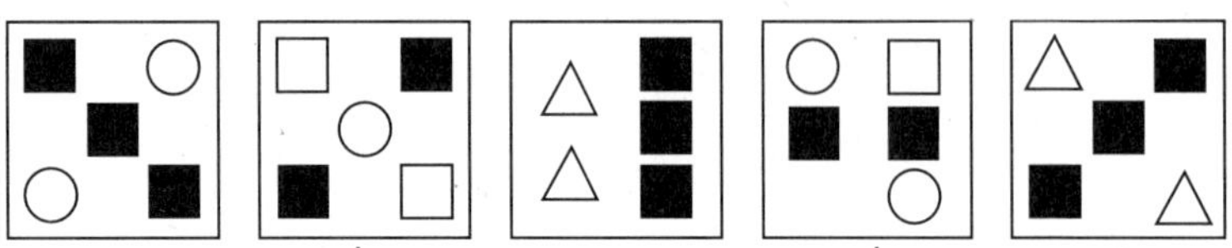

10.

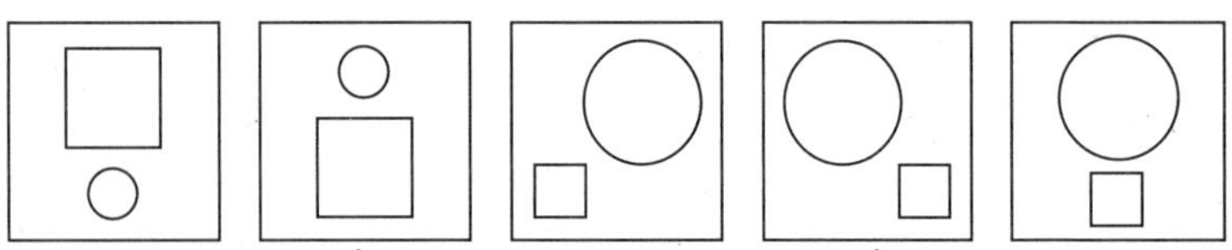

Für jeden richtig markierten Außenseiter gibt es 2 Punkte! **Punkte:** ____________

Die nachstehenden 13 „Folgen“ bestehen aus der so genannten Problemreihe **A** *und der Lösungsreihe* **B**. *Ersterer liegt eine bestimmte (logische) Folge zugrunde, die sich in einem Feld der Lösungsreihe* **(a–d)** *fortsetzt. Notiere dieses Feld (rechts) und begründe deine Entscheidung!*

A **B**

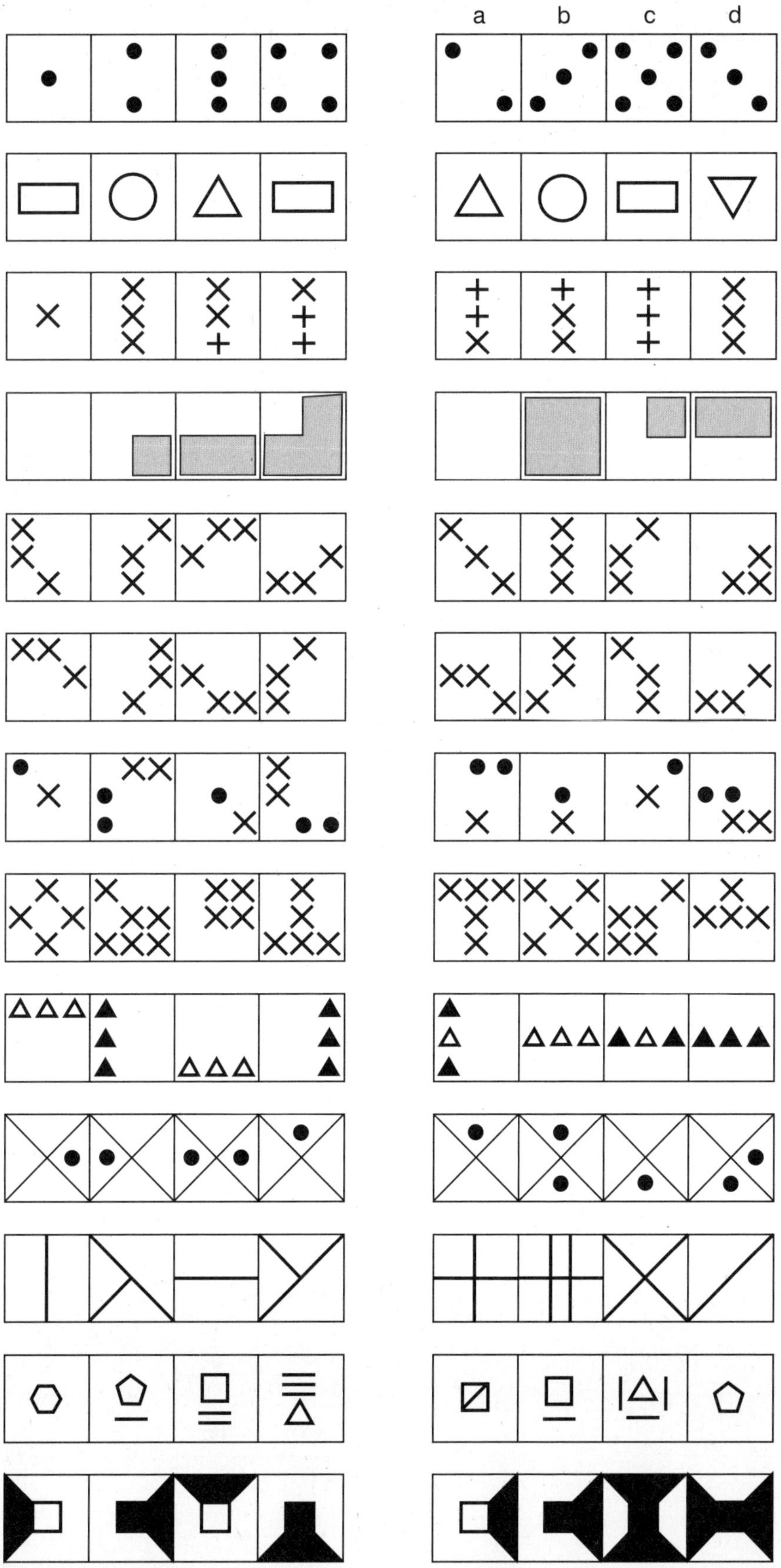

1. c
2. ______
3. ______
4. ______
5. ______
6. ______
7. ______
8. ______
9. ______
10. ______
11. ______
12. ______
13. ______

Für jedes richtig erkannte Feld gibt es jeweils 2 Punkte! **Punkte:** ______

A 37 Folgen 5

Die Figuren in den folgenden Kästen (1–10) verändern sich nach bestimmten (logischen) Regeln. Finde diese Regel jeweils heraus und suche unter den Auswahlmöglichkeiten (a–e) das Kästchen, das an die leere Stelle gehört! Zeichne die Figur hier ein!

1.

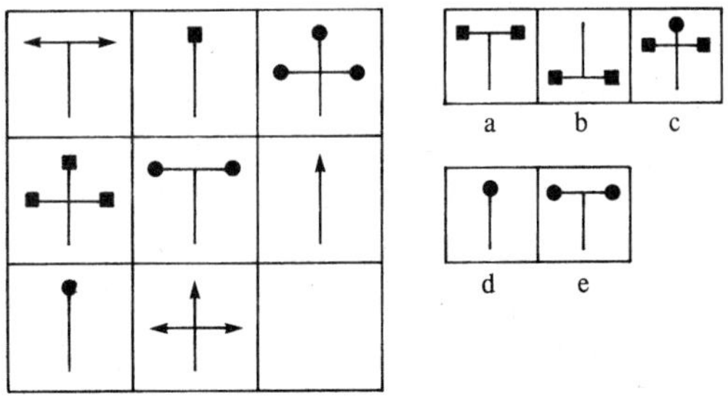

2.

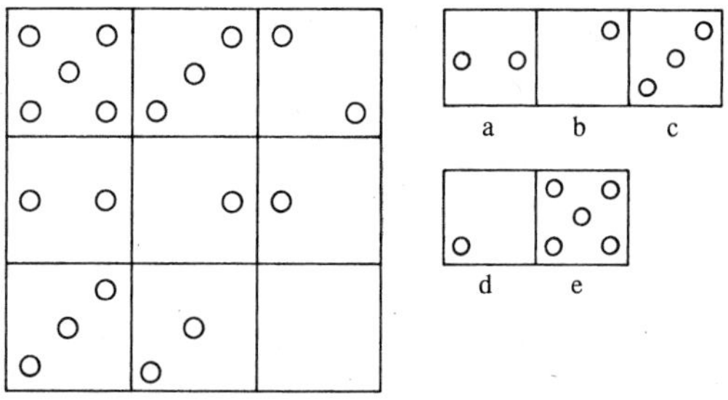

3.

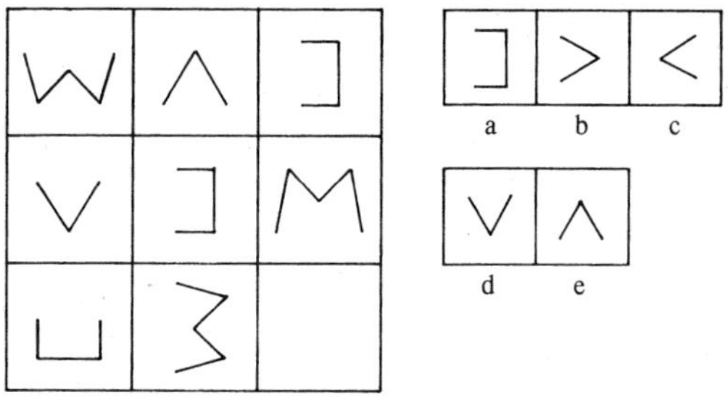

4.

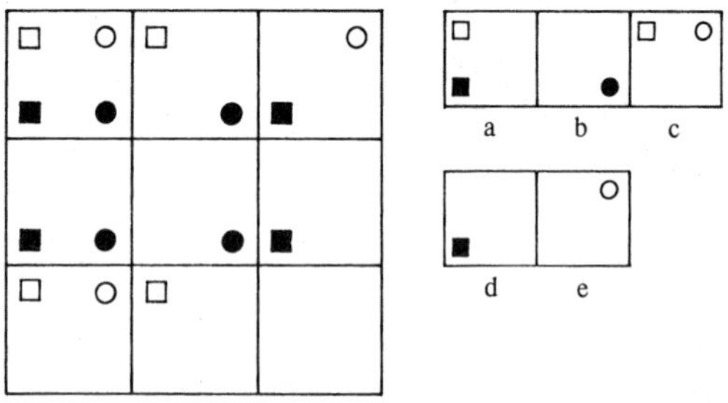

5.

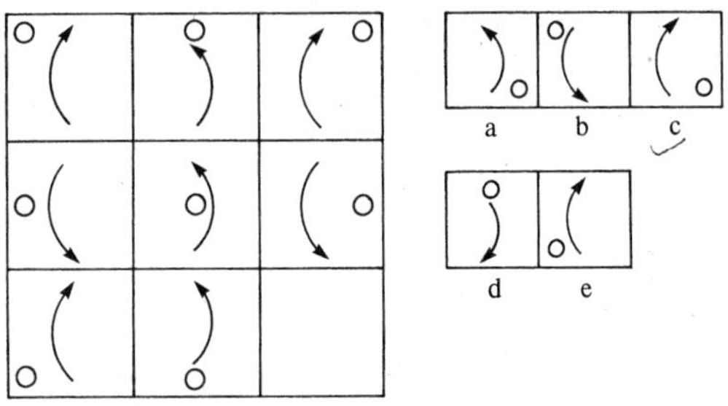

6.

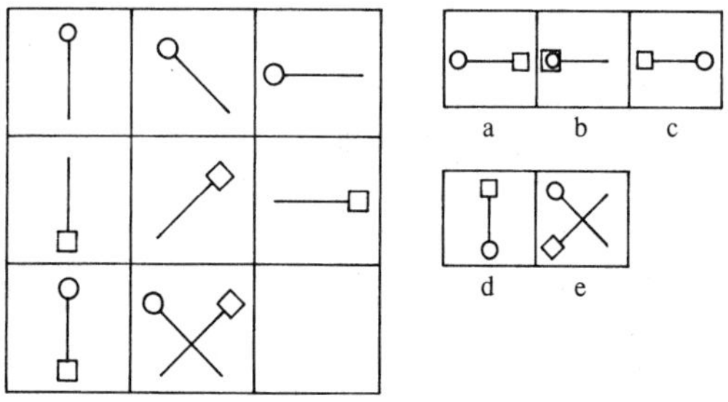

7.

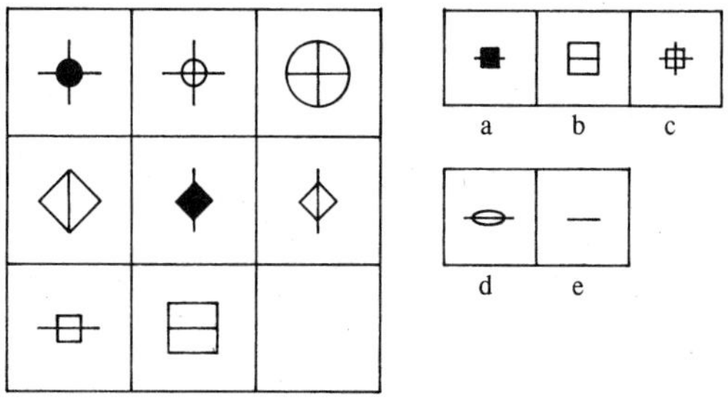

8.

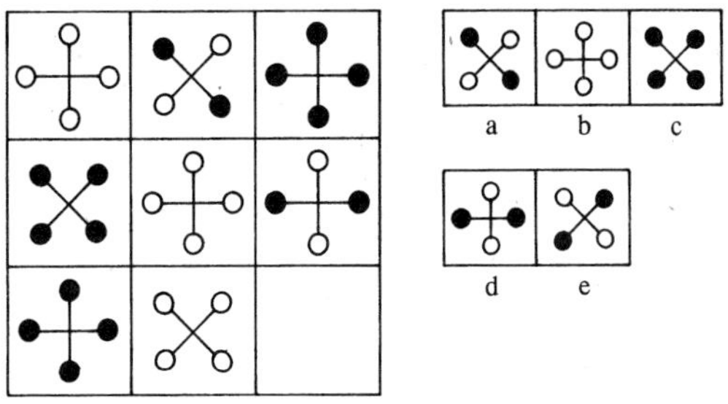

9.

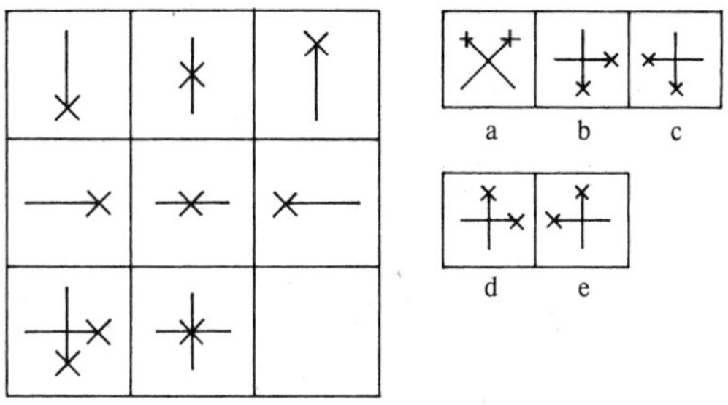

10.

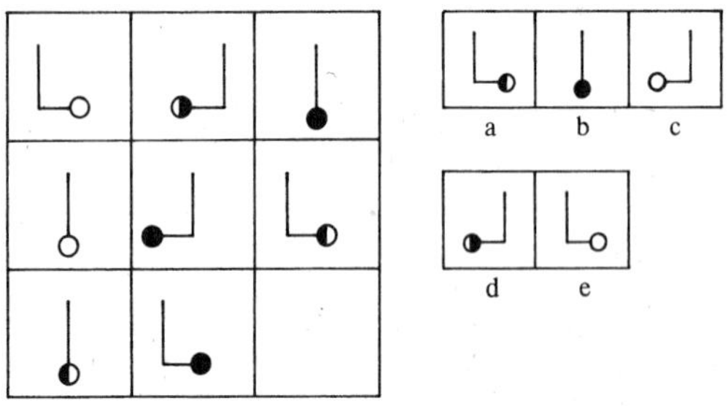

Für jede richtig erkannte Figur gibt es jeweils 3 Punkte! **Punkte:** ____________

Du siehst hier 12 einfache Balkenwaagen und verschieden schwere Gewichte: □⊠■△▲○●⊗
Du sollst durch einen Vergleich mit der Waage **A**, *die im Gleichgewicht ist, herausfinden, wie die schiefe Waage* **B** *jeweils ins Gleichgewicht* **C** *gebracht werden kann. Dabei darfst du nur jeweils von den Gewichten, die unter der Waage liegen, so viel wie nötig auf die rechte Seite der Waage legen.*

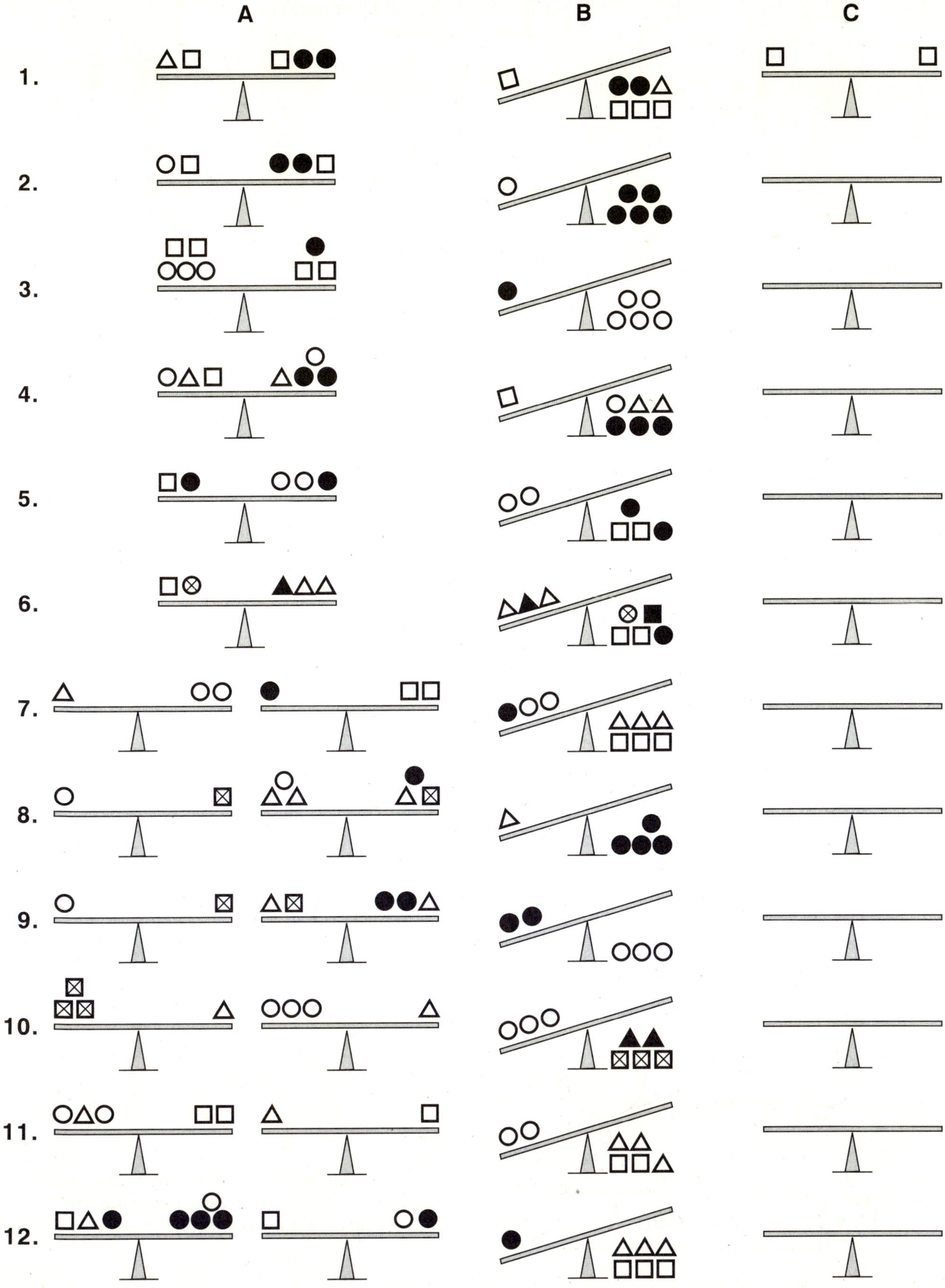

Für jede richtig gelöste Aufgabe gibt es 2 Punkte! **Punkte:** ____________

A 41 Oberbegriffe 1

Unsere Sprache besteht aus Wörtern und Sätzen. Statt von Wörtern kann man auch von Begriffen sprechen. Dies sind entweder einzelne Ausdrücke wie z. B. „Tante, Neffe, Onkel" oder allgemeine Begriffe wie hier „Verwandte". Notiere zu den folgenden Wortfeldern 1 bis 30 den jeweils richtigen Oberbegriff!

1. Tante Neffe Onkel — **Verwandte**

2. Familie Klasse Mannschaft

3. 1. Mai 3. Oktober Pfingsten

4. Teich Fluss See

5. Nonne Totenkopf Admiral

6. Pfund Rubel Schekel

7. Dattel Orange Banane

8. Mais Gerste Roggen

9. Gas Braunkohle Erdöl

10. Thermometer Barometer Waage

11. Wasserstoff Sauerstoff Kohlenstoff

12. Breite Länge Höhe

13. Hammer Bohrer Zange

14. Beton Holz Ziegel

15. Korken Riegel Druckknopf

16. Hering Dorsch Scholle

17. Fanfare Horn Posaune

18. Samt Seide Loden

19. Pfeffer Salz Senf

20. Polnisch Englisch Chinesisch

21. Synagoge Dom Moschee

22. Fingerring Halskette Armband

23. Autobus Eisenbahn Flugzeug

24. Kappe Mütze Hut

25. Kamille Huflattich Arnika

26. Kakao Tee Tabak

27. Vormittag Mittag Abend

28. Löwe Tiger Hai

29. Eisen Gold Silber

30. Ameise Fliege Heuschrecke

Für jeden richtig notierten Oberbegriff gibt es 1 Punkt! **Punkte:** ______

Unsere Sprache besteht aus Wörtern und Sätzen. Statt von Wörtern kann man auch von Begriffen sprechen. Dies sind entweder einzelne Ausdrücke wie z. B. „Vater, Mutter, Kind“ oder allgemeine Begriffe wie hier „Familienangehörige“. Notiere zu den folgenden Wortfeldern 1 bis 30 den jeweils richtigen Oberbegriff!

1. Vater, Mutter, Kind — **Familienangehörige**
2. Eva, Petra, Susi — ______
3. Fußballspieler, Hochspringer, Marathonläufer — ______
4. Pilze, Flechten, Moose — ______
5. Lorbeer, Kümmel, Vanille — ______
6. Orchidee, Lilie, Narzisse — ______
7. Pfifferling, Reizker, Morchel — ______
8. Wellensittich, Kakadu, Ara — ______
9. Schwein, Nashorn, Nilpferd — ______
10. Dorsch, Scholle, Hering — ______
11. Apfel, Birne, Pflaume — ______
12. Erbsen, Bohnen, Linsen — ______
13. Erdnuss, Haselnuss, Kokosnuss — ______
14. Eisen, Magnesium, Natrium — ______
15. Styrol, Polystyrol, PVC — ______
16. Rechen, Spaten, Harke — ______
17. Barren, Pferd, Reck — ______
18. Harfe, Zither, Gitarre — ______
19. Klavier, Spinett, Orgel — ______
20. Trompete, Posaune, Fanfare — ______
21. Apfelkuchen, Nusstorte, Brot — ______
22. Autobahn, Allee, Steg — ______
23. Tanne, Lärche, Fichte — ______
24. Gitter, Planke, Zaun — ______
25. Hirsch, Fuchs, Hase — ______
26. Meer, Teich, Fluss — ______
27. Berg, Kuppe, Hügel — ______
28. Illustrierte, Zeitung, Buch — ______
29. Hosen, Blusen, Hemden — ______
30. Tier, Mensch, Pflanze — ______

Für jeden richtig notierten Oberbegriff gibt es 1 Punkt! **Punkte:** ______

A 43 Mit einem Wort

Du siehst hier 2 x 22 Wortpaare, die sich „mit einem Wort“ zusammenfassen lassen. Die Lösungswörter (Oberbegriffe) stehen in willkürlicher Reihenfolge im Wortkasten. Decke ihn zunächst ab!

A

1. Mehl – Zucker Lebensmittel
2. Haus – Dom ____________
3. Auto – Eisenbahn ____________
4. Baum – Vogel ____________
5. Zange – Hammer ____________
6. Helm – Sonnenbrille ____________
7. Niere – Herz ____________
8. Mutter – Tochter ____________
9. Eva – Maria ____________
10. Paris – Berlin ____________
11. Bier – Limonade ____________
12. Aster – Nelke ____________
13. Auto – Motorrad ____________
14. Cello – Zither ____________
15. Roggen – Gerste ____________
16. Brille – Fernglas ____________
17. Tasche – Mülleimer ____________
18. Schiff – Kamel ____________
19. Bäcker – Programmierer ____________
20. Schmerz – Sirene ____________
21. Regen – Hagel ____________
22. Buch – Zeitung ____________

B

1. Stuhl – Schrank ____________
2. Hut – Schuhe ____________
3. Korb – Vase ____________
4. Erz – Holz ____________
5. Neujahr – Geburt ____________
6. Dampf – Eis ____________
7. Mond – Mars ____________
8. Fisch – Kartoffeln ____________
9. Max – Franz ____________
10. Rhein – Main ____________
11. Sandalen – Stiefel ____________
12. Apfel – Birne ____________
13. Kahn – Kanu ____________
14. Seife – Parfüm ____________
15. Bronze – Messing ____________
16. Gold – Silber ____________
17. Huhn – Moos ____________
18. Stunde – Meter ____________
19. Dusche – Rasensprenger ____________
20. Bier – Salzsäure ____________
21. Berg – Hügel ____________
22. Fingerring – Perlenkette ____________

Lösungswörter

Bodenerhebungen – inländische Früchte – Körperorgane – Bauwerke – optische Geräte – Maße – Saiteninstrumente – Behälter – Behälter – Lebewesen – Lebewesen – Druckerzeugnisse – Himmelskörper – Verbrauchsartikel – europäische Hauptstädte – weibliche Vornamen – deutsche Flüsse – Schmuck – Getreidearten – Möbelstücke – Edelmetalle – Legierungen – Grundnahrungsmittel – männliche Vornamen – Werkzeuge – Verkehrsmittel – Anfänge – Warnsignale – Wasserverteiler – Kleidungsstücke – Familienangehörige – Rohstoffe – Aggregatzustände des Wassers – Wasserfahrzeuge – Zierpflanzen – Berufe – Transportmittel – Schutzvorrichtungen – Getränke – Schuhsorten – Landfahrzeuge – Flüssigkeiten – Niederschläge – ~~Lebensmittel~~

Für jeden richtig erkannten Oberbegriff gibt es 1 Punkt! **Punkte:** ____________

Eine Uhr z. B. ist ein „Ganzes“, Gehäuse und Zifferblatt sind dagegen „Teile“ der Uhr. Diese Unterscheidung ist wichtig, um Gegenstände und Vorgänge genau zu beschreiben. In der folgenden Wortliste beziehen sich jeweils 2–3 Teile auf ein Ganzes. Letzteres unterstreiche! Wie viel „Ganze“ entdeckst du?

Buch – Bücherbrett – Bücherregal – Schreibtisch – Stuhl – Möbel – Schrank – Dusche – Wanne – Bad – Bidet – Keller – Dach – Haus – Treppe – Wohnung – Häuserblock – Tiefgarage – Eingänge – Telefon – Hörkapsel – Wählscheibe – Taschenlampe – Batterie – Glühbirne – Thermometer – Steigrohr – Skala – Windrose – Kompass – Magnetnadel – Gehäuse – Heck – Schiff – Bug – Rad – Speiche – Nabe – Felge – Schutzblech – Fahrrad – Pedal – Rücklicht – Antenne – Programm – Fernseher – Uhr – Zifferblatt – Zeiger – Musik – Radio – Kopfhörer – Baum – Wurzel – Ast – Stamm – Zoo – Pfleger – Tiere – Regen – Wolken – Wetter – Minister – Staat – Kanzler – Regierung – Gipfel – Gebirge – Kamm – Schlucht – Anzeige – Werbung – Prospekt – Plakat – Reifen – Auto – Stopplicht – Sessel – Wohnung – Möbel – Blüte – Narbe – Griffel – Fruchtknoten – Knie – Bein – Wade – Oberlid – Pupille – Auge – Pfarrer – Chor – Kirche – Elektron – Atom – Proton – Kühlwasser – Brennstäbe – Kernkraftwerk – Papier – Heft – Linien – Nadel – Spitze – Öhr – Feder – Patrone – Füller – Stirn – Kinn – Gesicht – Stufe – Treppe – Turm – Sauerstoff – Wasserstoff – Wasser – Kerze – Docht – Stearin – Kolben – Luftpumpe – Zylinder – Schaft – Absatz – Schuh – Tisch – Platte – Kante – Gestell – Topf – Rand – Deckel – Sitz – Lehne – Beine – Stuhl – Silbe – Wort – Buchstabe – Titel – Autor – Buch – Umschrift – Legierung – Münze – Schenkel – Griff – Schere – Scharnier – Rute – Angel – Schnur – Griff – Stickstoff – Sauerstoff – Luft – Komma – Punkte – Zeichen – Strich – Vater – Kind – Familie – Werkzeugkiste – Hammer – Zange – Berg – Gipfel – Abhang – Glühlampe – Gewinde – Fußkontakt – Pluspol – Minuspol – Batterie – Bedienungsblende – Kühlschrank – Gefrierraum – Kühlraum – Wellenleiter – Glaskeramik – Mikrowelle – Tubus – Beleuchtungsspiegel – Mikroskop – Sehnerv – Netzhaut – Auge – Pupille – Rücklauf – Zentralheizung – Vorlauf – Düse – Turbine – Laufrad – Gehäuse – Löwenzahn – Wiese – Gras – Waschmaschine – Trommel – Pumpe – Kochautomatik – Druckknopf – Minenspitze – Hülse – Kugelschreiber – Schaft – Schraubenzieher – Holzgriff – Spitze – Gewinde – Schraube – Kopf – Joghurtbecher – Becherrand – Lasche – Vakuumdeckel – Griff – Spirale – Korkenzieher – Deckel – Schlösser – Koffer – Scharnier

Für jedes markierte Ganze gibt es 1 Punkt! **Punkte:** ____________

A 45 Außenseiter 1

Unter den Wörtern (a–e) einer jeden Zeile (1–30) befindet sich ein Wort, das nicht in die Reihe passt. Streiche diesen Ausdruck durch und begründe (mündlich), weshalb das Wort ein „Außenseiter" ist! Notiere unten die Lösung!

	a)	b)	c)	d)	e)
1.	Linde	Ahorn	Eiche	~~Fichte~~	Pappel
2.	Haus	Villa	Kaufhaus	Iglu	Hütte
3.	Dorsch	Hering	Wal	Makrele	Aal
4.	Hund	Bitterling	Löwe	Giraffe	Katze
5.	Venus	Mars	Hermes	Saturn	Erde
6.	Eisen	Quecksilber	Kupfer	Graphit	Gold
7.	Omnibus	Auto	Fahrrad	Roller	Schlitten
8.	Bismarck	Schiller	Hesse	Hauptmann	Goethe
9.	Rechteck	Dreieck	Raute	Trapez	Quadrat
10.	Rom	Budapest	London	Kairo	Prag
11.	Rembrandt	Dürer	Nolde	Disney	Picasso
12.	Buddhismus	Marxismus	Hinduismus	Islam	Judentum
13.	Dschunke	Frachter	Rikscha	Schlepper	Boot
14.	Mozart	Beethoven	Bach	Schubert	Sokrates
15.	Laufen	Turnen	Schwimmen	Boxen	Ringen
16.	Roggen	Mais	Wein	Hafer	Gerste
17.	Steuern	Abgaben	Zoll	Maut	Kredit
18.	März	April	Mai	Frühling	August
19.	Zinsen	Rabatt	Skonto	Prozente	Preisnachlass
20.	Ton	Laut	Schall	Stille	Melodie
21.	Kollege	Verwandter	Gefährte	Genosse	Kamerad
22.	Rauch	Dunst	Dampf	Atem	Feuer
23.	Trompete	Posaune	Fanfare	Harfe	Klarinette
24.	Gemach	Stube	Bühne	Salon	Kammer
25.	Buch	Liste	Tabelle	Verzeichnis	Übersicht
26.	Seil	Tau	Strich	Schnur	Knoten
27.	Dom	Synagoge	Schloss	Moschee	Kapelle
28.	Soße	Brühe	Tunke	Suppe	Wasser
29.	Stirn	Nase	Schultern	Ohren	Augen
30.	Lehrling	Meister	Anfänger	Neuling	Azubi

Lösung: 1. d, ____

____

Für jeden richtig erkannten Außenseiter gibt es 1 Punkt! **Punkte:** ____________

*Unter den Wörtern (**a–d**) einer jeden Zeile (**1–10**) befindet sich ein Wort, das nicht in die Reihe passt. So ist bei **A** ein Adjektiv, bei **B** ein Verb und bei **C** ein Substantiv der „Außenseiter". Streiche ihn durch und begründe (mündlich), weshalb das Wort nicht in die Zeile gehört! Notiere unten die Lösung!*

A

	a)	b)	c)	d)
1.	riesig	hoch	groß	~~breit~~
2.	leise	unerhört	lautlos	unhörbar
3.	locker	gelockert	lose	haltlos
4.	frech	keck	schlau	dreist
5.	ärmlich	hungrig	dürftig	karg
6.	schön	sauber	blank	rein
7.	unartig	frech	unbeholfen	ungezogen
8.	behende	flink	hurtig	gescheit
9.	ruhig	sanft	still	lautlos
10.	lästig	unbequem	hinderlich	fremd

B

	a)	b)	c)	d)
1.	tun	handeln	ruhen	machen
2.	maulen	rätseln	grübeln	raten
3.	fliegen	hängen	pendeln	schwingen
4.	flüstern	stöhnen	seufzen	ächzen
5.	erhalten	bekommen	empfangen	holen
6.	glauben	wissen	meinen	vermuten
7.	hören	sagen	sprechen	plaudern
8.	schreien	brüllen	tuscheln	rufen
9.	meckern	spotten	necken	verulken
10.	zittern	beben	ruhen	schlottern

C

	a)	b)	c)	d)
1.	Schwester	Sohn	Vater	Bruder
2.	Rose	Orchidee	Kamille	Tulpe
3.	Rosenrot	Pechmarie	Joringel	Annemarie
4.	Banane	Orange	Dattel	Apfel
5.	Linde	Ahorn	Eiche	Fichte
6.	Villa	Kaufhaus	Iglu	Hütte
7.	Hermes	Erde	Mars	Venus
8.	Eisen	Gold	Graphit	Kupfer
9.	Hesse	Goethe	Bismarck	Hauptmann
10.	Kairo	Prag	Rom	Budapest

Lösung:

A 1. d, ______________________________.

B ______________________________.

C ______________________________.

Für jeden richtig erkannten Außenseiter gibt es 1 Punkt! **Punkte:** __________

A47 Zur Auswahl

*Zu den folgenden Lehn- und Fremdwörtern werden jeweils 4 Auswahlantworten angeboten. Überlege, welches der „zur Auswahl" stehenden Wörter (**a–d**) dem jeweils vorgegebenen Begriff in seiner Bedeutung am nächsten kommt! Streiche dieses Wort durch und notiere unten die Lösung!*

	a)	b)	c)	d)
1. **Test**	Schule	Bewerbung	Note	~~Prüfung~~
2. **Termin**	Notiz	Zeitpunkt	Tag	Frist
3. **Reklame**	Information	Werbung	Verkauf	Ankündigung
4. **Telefon**	Signal	Rufanlage	Fernsprecher	Telekom
5. **Jalousie**	Rollladen	Blendschutz	Markise	Vorhang
6. **Dynamo**	Antrieb	Fahrrad	Motor	Lichtmaschine
7. **Element**	Boden	Wasserstoff	Urstoff	Sauerstoff
8. **Labyrinth**	Wirrwarr	Irrgarten	Netz	Verwicklung
9. **Talent**	Eignung	Begabung	Geschick	Intelligenz
10. **Armee**	Heer	Masse	Truppe	Menge
11. **Chef**	Leiter	Vorsteher	Führer	Vorgesetzter
12. **Ventil**	Hahn	Auslass	Absperrung	Verschluss
13. **Geste**	Verhalten	Sprache	Betragen	Gebärde
14. **Plan**	Vorhaben	Zweck	Wille	Entschluss
15. **Aroma**	Gestank	Wohlgeruch	Luft	Ausdünstung
16. **Defekt**	Mangel	Palme	Schaden	Fehler
17. **Villa**	Landhaus	Gartenhaus	Rathaus	Gästehaus
18. **Kopie**	Zeichnung	Abbildung	Porträt	Grafik
19. **Therapie**	Hilfe	Verfahren	Heilkunde	Heilbehandlung
20. **Honorar**	Bezahlung	Entgelt	Belohnung	Verdienst
21. **Notiz**	Anzeige	Aufzeichnung	Nachricht	Bemerkung
22. **Thema**	Aufgabe	Gesprächsstoff	Gegenstand	Rede
23. **Problem**	Vorwurf	Lösung	Aufgabe	Schwierigkeit
24. **Kassette**	Behälter	Schachtel	Kästchen	Büchse
25. **Programm**	Tagesordnung	Einladung	Theaterzettel	Angebot
26. **Diktat**	Niederschrift	Befehl	Anordnung	Ansage
27. **Diskussion**	Gerede	Aussprache	Erörterung	Unterredung
28. **Information**	Ereignis	Auskunft	Nachricht	Brief
29. **Interesse**	Vorteil	Nutzen	Neugierde	Neigung
30. **Skizze**	Entwurf	Malerei	Auszug	Zeichnung

Lösung: 1. d, ______________________________

______________________________.

Für jedes richtig ausgewählte Wort gibt es 1 Punkt! **Punkte:** ________

Jeder der Zeilen (1–30) fehlt ein Begriff. Er steht im Kasten in willkürlicher Reihenfolge. Überlege, um welches „Wortfeld" es sich jeweils handelt, und notiere den fehlenden Begriff!

1.	Ornat	Uniform	Frack	Overall	<u>Smoking</u>
2.	Beanstandung	Vorwurf	Einwand	Tadel	____________
3.	Bohle	Sparre	Strebe	Träger	____________
4.	Bande	Haufe	Rotte	Pack	____________
5.	Lohn	Sold	Honorar	Verdienst	____________
6.	Einwohner	Inhaber	Mieter	Pächter	____________
7.	Anzeiger	Zeitung	Zeitschrift	Journal	____________
8.	Botschaft	Mitteilung	Meldung	Nachricht	____________
9.	Hast	Hetze	Eile	Jagd	____________
10.	Erzählung	Fabel	Gleichnis	Sage	____________
11.	Banner	Fahne	Panier	Wimpel	____________
12.	Folter	Marter	Peinigung	Zwang	____________
13.	Geist	Gespenst	Kobold	Phantom	____________
14.	Abgabe	Beitrag	Lasten	Taxe	____________
15.	Grube	Mulde	Trog	Trichter	____________
16.	Burg	Bunker	Festung	Schloss	____________
17.	Hof	Hütte	Kate	Iglu	____________
18.	Fürst	König	Sultan	Schah	____________
19.	Bub	Bursche	Junge	Knabe	____________
20.	Acker	Boden	Grund	Feld	____________
21.	Getöse	Gepolter	Knall	Krach	____________
22.	Schar	Fülle	Menge	Schwall	____________
23.	Borde	Einfassung	Kante	Ranft	____________
24.	Mast	Stab	Schaft	Stock	____________
25.	Aufstellung	Liste	Plan	Übersicht	____________
26.	Gram	Harm	Kummer	Sorge	____________
27.	Knuff	Schubs	Schwups	Stups	____________
28.	Leine	Strang	Strick	Tau	____________
29.	Ergebnis	Erfolg	Gewinn	Treffer	____________
30.	Gebaren	Gehabe	Geste	Miene	____________

Bollwerk
Dämon
Horde
Kritik
~~Smoking~~
Scholle
Gebärde
Radau
Tabelle
Stoß
Märchen
Telegramm
Monarch
Illustrierte
Saum
Masse
Seil
Balken
Jüngling
Gage
Insasse
Steuern
Pfahl
Triumph
Unrast
Krater
Villa
Flagge
Schmerz
Qual

Für jeden richtig ergänzten Begriff gibt es 1 Punkt! **Punkte:** ____________

A 49 Zuordnungen

In jeder der folgenden 6 Aufgaben werden 2 Begriffe umschrieben. Du sollst entscheiden, ob sich die jeweiligen Wörter darunter mehr dem einen oder anderen Begriff zuordnen lassen!

1. Kennzeichne die folgenden 12 Wörter mit M, wenn sie sich mehr auf den **Menschen,** mit T, wenn sie sich eher auf das **Tier** beziehen!

Sprache	(**M**)	Technik	( )	Gedanke	( )
Beute	(**T**)	Herde	( )	Bewusstsein	( )
Kunst	( )	Scham	( )	Trieb	( )
Futter	( )	Instinkt	( )	Winterschlaf	( )

2. Kennzeichne die folgenden 12 Wörter mit V, wenn sie mehr dem **Verstand,** mit G, wenn sie eher dem **Gefühl** zuzuordnen sind!

Wärme	( )	Planung	( )	Liebe	( )
Logik	( )	Trauer	( )	Mathematik	( )
Vernunft	( )	Angst	( )	Freude	( )
Beherrschung	( )	Mitleid	( )	Schmerz	( )

3. Kennzeichne die folgenden 12 Wörter mit R wenn sie mehr auf **Ruhe,** mit B, wenn sie eher auf **Bewegung** verweisen!

Kampf	( )	Geduld	( )	Zeit	( )
Stille	( )	Friede	( )	Gebet	( )
Gestik	( )	Wind	( )	Auto	( )
Tod	( )	Wellen	( )	Erde	( )

4. Kennzeichne die folgenden 12 Wörter mit N, wenn sie eher mit der **Natur,** mit T wenn sie mehr mit der **Technik** zu tun haben!

Pipeline	( )	Weichsel	( )	Höhle	( )
Kompression	( )	Moos	( )	Orkan	( )
Taiga	( )	Motor	( )	Granit	( )
Tundra	( )	Metall	( )	Schublehre	( )

5. Kennzeichne die folgenden 12 Wörter mit L, wenn sie sich eher auf **Literatur,** mit G, wenn sie sich mehr auf **Grammatik** beziehen!

Drama	( )	Zitat	( )	Superlativ	( )
Satire	( )	Vokal	( )	Poesie	( )
Passiv	( )	Substantiv	( )	Tragödie	( )
Kasus	( )	Prosa	( )	Prädikat	( )

6. Kennzeichne die folgenden 12 Wörter mit C, wenn sie sich eher der **Chemie,** mit P, wenn sie sich mehr der **Physik** zuordnen lassen!

Oxid	( )	Molekül	( )	Rolle	( )
Hebel	( )	Gemisch	( )	Salze	( )
Schatten	( )	Magnet	( )	Energie	( )
Natrium	( )	Ampere	( )	Element	( )

Für jede eindeutig richtige Zuordnung gibt es 1 Punkt! **Punkte:** ____________

Wie bei Zahlen, so lassen sich auch zwei Wortpaare bilden, die in einem ähnlichen Verhältnis zueinander stehen. So kann man z. B. sagen: „Schiff und Wasser“ verhalten sich zueinander wie „Auto und Straße“. Ergänze im Folgenden das jeweils 2. Wortpaar!

1. Abend und Nacht wie Herbst und Winter
2. Hose und Kleidungsstück wie Zange und ____________
3. Glühbirne und Lampe wie Töne und ____________
4. Laub und Baum wie Leder und ____________
5. Wort und Sprache wie Ton und ____________
6. Regen und Hagel wie Wasser und ____________
7. Hut und Kopf wie Schuh und ____________
8. Ei und Schale wie Baum und ____________
9. Stamm und Baum wie Stängel und ____________
10. Insel und Meer wie Oase und ____________
11. Ofen und Wärme wie Kühlschrank und ____________
12. Uhr und Zeit wie Thermometer und ____________
13. Apfel und Schale wie Körper und ____________
14. Haus und Stadt wie Zimmer und ____________
15. Kugel und Pistole wie Pfeil und ____________
16. Butter und Milch wie Mehl und ____________
17. Hund und Hütte wie Vogel und ____________
18. Vater und Sohn wie Mutter und ____________
19. Straße und Weg wie Fluss und ____________
20. Uhr und Feder wie Staubsauger und ____________
21. Schere und Papier wie Säge und ____________
22. Schiff und Wind wie Mühlrad und ____________
23. Mantel und Knopf wie Tür und ____________
24. Tür und Scharnier wie Rad und ____________
25. Glas und Spiegel wie Stahl und ____________
26. Schublade und Kommode wie Matratze und ____________
27. Gedanke und Schrift wie Melodie und ____________

Für jedes richtig ergänzte Wortpaar gibt es 1 Punkt! **Punkte:** ____________

A 51 Wortproportionen 2

Wie bei Zahlen, so lassen sich auch zwei Wortpaare bilden, die in einem ähnlichen Verhältnis zueinander stehen. So kann man z. B. sagen: „Schiff und Fluss" verhalten sich zueinander wie „Fahrrad und Weg". Ergänze im Folgenden den jeweils fehlenden Begriff!

1. Trompete und blasen wie Klavier und ____________
2. Holz und sägen wie Papier und ____________
3. Brot und essen wie Wasser und ____________
4. Trauer und weinen wie Freude und ____________
5. Fleiß und loben wie Faulheit und ____________
6. Auto und fahren wie Hubschrauber und ____________
7. Zahlen und rechnen wie Buchstaben und ____________
8. Berg und Höhe wie ____________ und Tiefe
9. Zucker und Süße wie ____________ und Schärfe
10. Löffel und Suppe wie ____________ und Heu
11. Auto und Straße wie ____________ und Schiene
12. Frühjahr und Regen wie ____________ und Schnee
13. Einrichtung und Schrank wie ____________ und Zimmer
14. Hitze und Temperatur wie ____________ und Zeit
15. Frosch und ____________ wie Mensch und Schwimmflossen
16. Garten und ____________ wie Burg und Mauer
17. Liter und ____________ wie Blau und Farbe
18. Leiter und ____________ wie Buch und Seite
19. Schneider und ____________ wie Schreiner und Säge
20. Schmetterling und ____________ wie Frosch und Kaulquappe
21. Eber und ____________ wie Kater und Katze
22. ____________ und Gänserich wie Schaf und Hammel
23. ____________ und Polen wie Peking und China
24. ____________ und zischen wie Uhr und ticken
25. ____________ und Körper wie Schale und Kartoffel
26. ____________ und Abkühlung wie Behaglichkeit und Wärme
27. ____________ und Tanne wie Blatt und Eiche

Für jedes richtig ergänzte Wortpaar gibt es 1 Punkt! **Punkte:** ____________

In den folgenden 21 Überschriften steht immer ein „Wortverhältnis". Wähle aus den darunter stehenden Wortverhältnissen (a–c) ein Wortpaar aus, das dem obersten am meisten entspricht. Beispiel: „Vogel und Fisch" verhalten sich zueinander wie „Luft und Wasser". Notiere die Lösungen wie unten im Beispiel!

1. Vogel : Fisch
a) Igel : Garten
b) ~~Luft~~ : ~~Wasser~~
c) Riese : Zwerg

2. Löwe : Käfig
a) Blume : Wiese
b) Garten : Zaun
c) Karl : Gefängnis

3. Baum : Wald
a) Seite : Heft
b) Blume : Beet
c) Stufe : Flur

4. Uhr : Zeiger
a) Baum : Boden
b) Auto : Rad
c) Schiff : Meer

5. Tag : Stunde
a) Jahr : Monat
b) Kino : Leinwand
c) Segel : Wind

6. Hut : Knopf
a) Finger : Handschuh
b) Korb : Inhalt
c) Schuh : Fuß

7. Wasser : Meer
a) Schnee : Eis
b) Stube : Haus
c) Stein : Felsen

8. Ton : Musik
a) Wort : Sprache
b) Strophe : Lied
c) Gedicht : Buch

9. Alter : Jugend
a) Vater : Sohn
b) Greis : Baby
c) Junge : Mutter

10. Zopf : Haar
a) Riss : Brett
b) Knoten : Faden
c) Mutter : Schraube

11. Kamm : Haare
a) Besen : Staub
b) Schaufel : Erde
c) Striegel : Fell

12. Bach : Fluss
a) See : Meer
b) Weg : Straße
c) Hügel : Berg

13. Zeisig : Vogel
a) Tisch : Möbel
b) Mensch : Peter
c) Schüler : Lehrer

14. Stufe : Sprosse
a) Stiege : Gang
b) Wetter : Wind
c) Treppe : Leiter

15. Schlüssel : Schloss
a) Lösung : Problem
b) Öffnung : Schließung
c) Zündholz : Schachtel

16. Holz : Papier
a) Stein : Plastik
b) Säge : Schere
c) Zange : Nagel

17. Stundenplan : Unterricht
a) Klasse : Schule
b) Landkarte : Gebirge
c) Fahrplan : Zug

18. Tisch : Ufer
a) Seite : Rand
b) Bild : Rahmen
c) Wiese : Weg

19. Teil : Ganzes
a) Loch : Brett
b) Glied : Kette
c) Sonne : Himmel

20. Wasser : Überschwemmung
a) Eis : Kälte
b) Schnee : Lawine
c) Sturm : Wüste

21. Schnitzer : Holz
a) Stein : Bildhauer
b) Leim : Schreiner
c) Metall : Schlosser

Lösung: 1. b, ______________________________

______________________________.

Für jedes richtig erkannte Wortpaar gibt es 1 Punkt! **Punkte:** __________

A 53 Je-desto-Sätze

Die nachstehenden 18 (Je-)Sätze ergänze so, dass sie folgerichtig (logisch) sind! Dafür stehen dir jeweils vier Auswahlantworten zur Verfügung. Streiche die Möglichkeit (a–d), die du für richtig hältst durch, und notiere unten die Lösung!

1. Je dicker der Baumstamm, desto ...
a) größer die Krone.
b) höher der Stamm.
c) ~~größer der Durchmesser~~.
d) grüner die Blätter.

2. Je stärker der Regen, desto ...
a) höher die Wolken.
b) feuchter die Erde.
c) besser die Ernte.
d) dicker die Tropfen.

3. Je länger das Diktat, desto ...
a) mehr wird geschrieben.
b) wichtiger der Inhalt.
c) interessanter das Thema.
d) größer die Aufmerksamkeit.

4. Je mehr man lernt, desto ...
a) intelligenter wird man.
b) besser das Zeugnis.
c) mehr vergisst man.
d) mehr weiß man.

5. Je größer das Zimmer, desto ...
a) höher die Tür.
b) größer der Rauminhalt.
c) größer die Fenster.
d) mehr Möbel braucht es.

6. Je mehr man schwitzt, desto ...
a) größer der Hunger.
b) mehr Sport treibt man.
c) mehr Flüssigkeit verliert man.
d) gesünder lebt man.

7. Je mehr man verdient, desto ...
a) mehr Steuern zahlt man.
b) mehr gibt man aus.
c) reicher wird man.
d) geiziger wird man.

8. Je schwieriger eine Aufgabe, desto ...
a) interessanter ist sie.
b) länger ist sie.
c) mehr Konzentration braucht man.
d) einfacher ist die Lösung.

9. Je jünger der Mensch, desto ...
a) mehr Freizeit braucht er.
b) gesünder ist er.
c) weniger verdient er.
d) weniger Lebenserfahrungen hat er.

10. Je größer der Durst, desto ...
a) unwichtiger der Geschmack.
b) mehr trinkt man.
c) schneller trinkt man.
d) teurer das Getränk.

11. Je kälter der Winter, desto ...
a) wärmer der Sommer.
b) mehr Niederschlag.
c) größer die Erkältungsgefahr.
d) dicker das Eis.

12. Je schlechter die Schule, desto ...
a) höher der Leistungsdruck.
b) unzufriedener die Eltern.
c) froher die Schüler.
d) fleißiger die Lehrer.

13. Je stärker die Automatisierung, desto ...
a) höher die Löhne.
b) wichtiger die Arbeit.
c) weniger Arbeitsplätze.
d) teurer die Produkte.

14. Je schneller ein Auto, desto ...
a) kürzer die Fahrzeit.
b) größer die Unfallgefahr.
c) größer das Vergnügen.
d) kürzer der Bremsweg.

15. Je länger die Arbeit, desto ...
a) mehr Urlaub.
b) höher der Verdienst.
c) größer die Anstrengung.
d) kürzer die Freizeit.

16. Je älter der Mensch, desto ...
a) höher seine Rente.
b) klüger seine Entscheidungen.
c) geringer seine Lebenserwartung.
d) mehr verreist er.

17. Je höher die Preise, desto ...
a) geringer die Kaufkraft des Geldes.
b) geringer die Nachfrage.
c) höher das Warenangebot.
d) höher das Einkommen.

18. Je höher der Berg, desto ...
a) schöner die Aussicht.
b) gefährlicher der Abstieg.
c) spitzer der Gipfel.
d) dünner die Atmosphäre.

Lösung: 1. c, ______________________________

______________________________.

Für jeden richtig ergänzten Satz gibt es 2 Punkte! **Punkte:** ________

*Die folgenden Sätze sollst du danach beurteilen, ob sie eine „Information" (**I**) oder ein „Vorurteil" (**V**) enthalten. Informationen sind überprüfbare Aussagen (Daten, Fakten, Mitteilungen). Vorurteile sind vorgefasste Ansichten. Es sind Meinungen ohne ausreichende Kenntnis z. B. über einzelne Menschen oder gesellschaftliche Gruppen.*

1. Ärzte müssen ein Studium absolvieren. (I / ~~V~~)
2. Raucher gefährden ihre Gesundheit. (I / V)
3. Alle Deutschen essen täglich Kartoffeln. (I / V)
4. Griechen arbeiten langsamer als Schweizer. (I / V)
5. Karl der Große und Wilhelm II. waren Deutsche Kaiser. (I / V)
6. In Großstädten wird jede Nacht ein Mensch ermordet. (I / V)
7. Franzosen trinken mittags Rotwein. (I / V)
8. Auch in Schweden gibt es Menschen ohne festen Wohnsitz. (I / V)
9. Jungen schreiben bessere Chemietests als Mädchen. (I / V)
10. Morse, Gutenberg und Henlein sind berühmte Erfinder. (I / V)
11. Menschen über 70 Jahre sollten keinen Sport betreiben. (I / V)
12. Die meisten Lehrer sind mit ihrem Beruf unzufrieden. (I / V)
13. Der Deutsche Emil Krebs beherrschte 70 Sprachen. (I / V)
14. Frauen sind schlechtere Autofahrer als Männer. (I / V)
15. Wer arbeitslos ist, hat dies selbst verschuldet. (I / V)
16. Es spielen in Deutschland weniger Menschen Handball als Fußball. (I / V)
17. Die Musik von W. A. Mozart ist beliebter als die von F. Schubert. (I / V)
18. Schlecht gekleideten Menschen darf man nicht vertrauen. (I / V)
19. Es fahren mehr Schweden in den Süden als Italiener in den Norden. (I / V)
20. Schwaben sind sparsamer als Rheinländer. (I / V)
21. In Flensburg gibt es weniger Biergärten als in München. (I / V)
22. Wer in der Klasse vorn sitzt, konzentriert sich besser. (I / V)
23. Nur wer sein Studium mit „1" oder „2" absolviert, macht später Karriere. (I / V)
24. Intelligenz ist Voraussetzung für Glück. (I / V)
25. Aus Erdöl lassen sich Kunststoffe gewinnen. (I / V)
26. Krimis wirken auf die meisten Menschen entspannend. (I / V)
27. BMW-Fahrer drängeln im Straßenverkehr. (I / V)
28. Menschen neigen im Allgemeinen zu Vorurteilen. (I / V)
29. Kinderlose sind große Egoisten. (I / V)
30. Fußball übt auf viele Menschen eine große Anziehungskraft aus. (I / V)

Lösung: 1. I, ____

____

____.

Für jede richtige Beurteilung gibt es 2 Punkte! **Punkte:** ____________

A 55 Tatsache oder Meinung?

*Lies aufmerksam die folgenden Sätze und überlege, ob sie jeweils eine „Tatsache“ (**T**) oder eine „Meinung“ (**M**) ausdrücken! Notiere unten die Lösung!*

1. In Italien scheint öfters die Sonne als in Deutschland. (T / ~~M~~)
2. Reisen mit dem eigenen Auto ist erholsamer als mit dem Zug. (T / M)
3. Ferien sind umso schöner, je weiter man reist. (T / M)
4. Im Sommer verreisen mehr Menschen als im Winter. (T / M)
5. In Spanien verbringen mehr Engländer ihren Urlaub als in Ungarn. (T / M)
6. Je mehr eine Reise kostet, umso interessanter ist sie. (T / M)
7. Die Sommerferien erscheinen oft zu kurz. (T / M)
8. Turnen erfordert mehr Training als Boxen. (T / M)
9. Schwimmen ist gesünder als Wandern. (T / M)
10. Wir kennen nur die Erde als bewohnten Planeten. (T / M)
11. Die menschliche Seele lebt nach dem Tod weiter. (T / M)
12. Menschliches Leben endet nach dem Tod. (T / M)
13. Im Jahre 2020 gibt es keinen Krieg mehr. (T / M)
14. Ohne Kunststoffe kommen wir nicht mehr aus. (T / M)
15. Luft und Wasser sind lebenswichtig. (T / M)
16. Geld macht jeden Menschen glücklich. (T / M)
17. Städte an Rhein und Mosel sind hochwassergefährdet. (T / M)
18. Die Demokratie gilt als die beste Staatsform. (T / M)
19. Am Meer kann man sich besser als im Gebirge erholen. (T / M)
20. Im Unterschied zum Tier hat nur der Mensch eine Religion. (T / M)
21. Jede Gesellschaft braucht viele Professoren. (T / M)
22. Not macht oft erfinderisch. (T / M)
23. Latein ist eine leicht erlernbare Sprache. (T / M)
24. Viele Träume werden Wirklichkeit. (T / M)
25. Auch Pflanzen brauchen Wasser. (T / M)
26. Ein Computer weiß alles. (T / M)
27. Die Weltbevölkerung nimmt ständig zu. (T / M)
28. Werbung beeinflusst die Käufer nicht. (T / M)
29. Die Industrie beeinflusst das Klima der Erde. (T / M)
30. Der menschliche Körper kann durch Ängste krank werden. (T / M)

Lösung: 1. T, ______________________________

____

______________________________.

Für jede richtige Feststellung gibt es 2 Punkte! **Punkte:** ____________

*Lies aufmerksam die folgenden Sätze und überlege, ob sie jeweils „richtig" (**R**) oder „falsch" (**F**) sind! Notiere unten die Lösung!*

1. Der Mensch stammt nicht direkt vom Affen ab. (R / ~~F~~)
2. Die Sinnesorgane des Menschen sind besser als die der Tiere. (R / F)
3. Nur der Mensch kann sich durch Laute verständigen. (R / F)
4. Nicht jeder Abiturient besucht eine Hochschule. (R / F)
5. In Deutschland kann jedes Kind mit 6 Jahren die Schule besuchen. (R / F)
6. Weil wir mit den Augen sehen, hören wir mit den Ohren. (R / F)
7. Ohne Sauerstoff können wir nicht leben. (R / F)
8. Ohne Uhren wüssten wir nie, wie spät es ist. (R / F)
9. Wenn jeder kluge Mensch ein Affe wäre, wären alle Affen klug. (R / F)
10. Nicht nur die Armen, sondern auch die Reichen haben Sorgen. (R / F)
11. Wären alle Menschen dumm, gäbe es nur dumme Schüler. (R / F)
12. Ohne Wasser müssten wir sterben. (R / F)
13. Nur der Mensch weiß, dass er stirbt. (R / F)
14. Bald wird es eine neue Eiszeit geben. (R / F)
15. Ohne Sprache gibt es keine Verständigung. (R / F)
16. Manche Tiere überleben mehrere Monate ohne Nahrung. (R / F)
17. Wenn alle Früchte gut schmeckten, gäbe es keine giftigen Früchte. (R / F)
18. Vererbung und Umwelt beeinflussen menschliches Verhalten. (R / F)
19. Nur der elektrische Strom erzeugt Licht. (R / F)
20. Wenn alle Bäume Nadelbäume wären, gäbe es keine Birnen mehr. (R / F)
21. Wenn kein Stein härter wäre als der andere, dann wären alle Steine gleich hart. (R / F)
22. Wenn alle Berge gleich hoch wären, wären alle Täler gleich tief. (R / F)
23. Hätte Gutenberg 1446 den Buchdruck nicht erfunden, gäbe es keine Bücher. (R / F)
24. Wären alle Kreise sechseckig, wären alle Halbkreise eckig. (R / F)
25. Wären alle Schüler klug, gäbe es nur kluge Lehrer. (R / F)

Lösung: 1. R, ______________________________

____

______________________________.

Für jeden richtig beurteilten Satz gibt es 2 Punkte! **Punkte:** ____________

A 57 Buchstaben-Puzzle

Ähnlich wie bei einem Puzzle sind bei den folgenden 48 Wörtern – Adjektiven, Verben und Substantiven – jeweils 2–4 Buchstaben herausgenommen worden. Die alte Reihenfolge bleibt im Wortrest erhalten. Die herausgenommenen Buchstaben sind jedoch durcheinander gekommen. Setze sie wieder an die richtige Stelle!

1. eki (g / c) eckig

2. shac (c / h / w) ______

3. fsh (r / c / i) ______

4. rau (n / b) ______

5. tak (r / s) ______

6. hül (w / c / s) ______

7. vlet (t / i / o) ______

8. uneudlich (r / f / n) ______

9. hgeli (g / ü) ______

10. tocen (k / r) ______

11. ter (e / u) ______

12. inzg (i / w) ______

13. lagsa (n / m) ______

14. shnel (c / l) ______

15. edudg (l / g / i) ______

16. aändig (w / u / f) ______

17. ruh (n / e) ______

18. weigen (h / c / s) ______

19. bwhen (c / a / e) ______

20. ulen (ä / q) ______

21. secen (h / r / p) ______

22. efndn (i / r / e) ______

23. chagn (l / s / e) ______

24. jmer (n / a / m) ______

25. raere (d / n / i) ______

26. enecen (k / t / d) ______

27. heimlichen (e / r / v) ______

28. abol (e / h / n) ______

29. trnke (n / i) ______

30. krae (z / t / n) ______

31. ese (n / s) ______

32. muen (l / a) ______

33. Afan (g / n) ______

34. rmt (u / A) ______

35. Mehra (h / l / z) ______

36. chrnsei (t / n / S / o) ______

37. Lbenmite (s / e / t / l) ______

38. Vrung (p / s / r / o) ______

39. Spierlauf (l / e / v) ______

40. enteer (b / A / u) ______

41. Reienolg (f / e / h) ______

42. Keidn (u / g / l) ______

43. Fugat (l / p / l / z) ______

44. Spge (e / i / l) ______

45. uler (v / P) ______

46. uckdos (r / Z / e / e) ______

47. Finerna (e / l / g / g) ______

48. tuhlben (i / S / e) ______

Für jedes richtig gebildete Wort gibt es 1 Punkt! **Punkte:** ______

In der folgenden Wortliste stehen Substantive, die jeweils vier verschiedene Vokale (a, e, i, o oder u) besitzen. Allerdings sind die Vokale in jedem Wort vertauscht worden. Berichtige dies!

1. Kertaffolbrie **Kartoffelbrei**
2. Gordenanstiff ____________
3. Uofsachtspirsen ____________
4. Bachienbund ____________
5. Breifmerkanulbam ____________
6. Kefforrodai ____________
7. Korchtermglicku ____________
8. Wossirpestela ____________
9. Sanntegsspizaargong ____________
10. Rasunstroech ____________
11. Wechsfugerinkibanatt ____________
12. Hoemitart ____________
13. Bantpupeir ____________
14. Wussorrehrbrach ____________
15. Wentirmanot ____________
16. Kistenaanbuam ____________
17. Batturbretpopeir ____________
18. Lachthipunsegnil ____________
19. Schnettmosturbegin ____________
20. Schmackdeibstuhl ____________
21. Hendpippanspeul ____________
22. Breiftuabonpest ____________
23. Vigilflegloneu ____________
24. Estarnechtgettosdoinst ____________
25. Wissurschetzpelizoa ____________
26. Schlessirmuestorprüfeng ____________
27. Knoibendhesu ____________
28. Danoadimpfschafffehrtsgusallscheft ____________
29. Heasflertruppinlucht ____________
30. Hendischlettanfuhrt ____________

Für jedes richtig geschriebene Substantiv gibt es 1 Punkt! **Punkte:** ____________

A 59 Wortakrobat

Hier zeige, wie einfallsreich du Wörter bilden kannst. Schreibe mindestens 5 Substantive auf, in denen die jeweils 3 vorgegebenen Buchstaben enthalten sind!

1. (B / R / N): z. B. Brand, ______
2. (K / R / T): z. B. Krater, ______
3. (M / N / D): z. B. Mund, ______
4. (E / R / S): z. B. Rest, ______
5. (A / T / T): z. B. Tat, ______
6. (A / L / L): z. B. Ball, ______
7. (E / S / T): z. B. Pest, ______
8. (O / L / N): z. B. Lohn, ______
9. (E / I / N): z. B. Bein, ______
10. (A / E / U): z. B. Staude, ______
11. (L / U / T): z. B. Verlust, ______
12. (A / U / S): z. B. Brause, ______
13. (E / P / P): z. B. Puppe, ______
14. (E / T / S): z. B. Stufen, ______
15. (I / E / R): z. B. Tiger, ______
16. (A / E / N): z. B. Garten, ______
17. (L / C / H): z. B. Licht, ______
18. (E / P / F): z. B. Pfeffer, ______
19. (D / I / E): z. B. Eid, ______
20. (S / T / R): z. B. Streit, ______

Für jedes richtig notierte Beispiel gibt es 1 Punkt! **Punkte:** ______

Hier sind 2 x 25 Wörter „geschüttelt" worden: In der Spalte **A** *Wörter aus 3 Buchstaben und in der Spalte* **B** *Wörter aus 4 Buchstaben. Sortiere die Buchstaben wieder so, dass jeweils sinnvolle Substantive entstehen!*

A		B	
1. A T L	**Tal**	1. E I S L	
2. T R O		2. E I L B	
3. D I E		3. A H M L	
4. I S E		4. A A L S	
5. H E R		5. E R H D	
6. O T N		6. A L L B	
7. D O T		7. C A H F	
8. T H U		8. A N W D	
9. S U B		9. F P O K	
10. T T A		10. Z R H E	
11. O B B		11. A U L S	
12. F H U		12. A S E N	
13. T L O		13. I B L D	
14. U A T		14. D I L W	
15. B U A		15. B R E E	
16. E E H		16. S O O M	
17. I N L		17. A L Z S	
18. U G Z		18. T O B R	
19. E S E		19. U P E H	
20. E G W		20. E E L S	
21. S T A		21. E L T W	
22. U H E		22. L K E I	
23. O T N		23. G A N R	
24. A T R		24. N A K D	
25. O S L		25. E E D N	

Für die Wörter unter A gibt es je 1 Punkt, für die unter B je 2 Punkte! **Punkte:** ______

A 61 Kleinwörter

Die folgenden Kleinwörter wie zum Beispiel „an, bei, da, in, los, nun, ob“ lesen und schreiben wir immer wieder. Erkennst du diese Kleinwörter, obwohl sie alle aneinander geschrieben sind? Trenne sie durch Bleistiftstriche, zähle sie und lies sie möglichst schnell vor.

ab|aber|allealleinalsamanandersauchaufausaußen
baldbeibeimbeidebesserbinbisbistbittebreit
buntdadabeidaherdamitdanachdankedanndaraufdarum
dasdassdavondavordazudeindemdendennderdesdeshalb
dichdickdiediesedieserdochdortdreidurchduein
eineeinemeineneineserersteseetwaseuerfalschfast
fertigfestfernfortfreifrischfrohfrühfünfgabganz
gargebengefährlichgegengehengehtgelbgenaugern
gesterngibginggleichgroßguthabenhalbharthasthat
hatteheißherherabheranheraufheraushereinheute
hierhochhöherhinhinaufhinaushintenhinterichihm
ihnihrimimmerininnenistjajederjemandjetztkalt
kamkannkannstkaputtkeinkennenklarkommenkommt
konntekrankkurzlanglasslautleichtleerleiseliebe
linkslosmachenmachtmalmanmanchmalmehrmeinmich
mirmitmorgenmussmüssennachnachtsnahnähernassnein
nieniemalsneunichtnichtsnieniemalsniemandnoch
nunnurobobenoderoffenohnequerranrausrechtrechts
reinrichtigrückwärtsrundsagensagtsauberschief
schlechtschönschonsehrseidseinseitselbstsich
siebensindsolchsollsüßtausendteilentragentrocken
trotzdemtunüberübrigumundunsunseruntenunterviel
vollvomvonvorvoranvorausvorbeivorherwahrwarwas
wegenwelchwemwenwenigwerwerdenwiederwillwirwird
wowohlwurdezehnzuzumzuletztzurzwanzigzwei

Für jedes richtig entdeckte Kleinwort gibt es 1 Punkt! **Punkte:** ____________

In diesem Buchstabenfeld „verstecken" sich ***waagerecht*** *(von links nach rechts),* ***senkrecht*** *(von oben nach unten) und* ***diagonal*** *viele Ländernamen. Sie sind unten angeführt. Suche die Wörter im Diagramm und kennzeichne sie hier!*

L	S	T	B	A	M	T	K	O	K	I	R	G	I	S	I	E	N
I	G	A	E	N	A	V	U	N	E	P	A	L	D	P	A	B	I
B	U	I	N	T	L	W	B	N	N	O	R	W	E	G	E	N	G
E	A	W	I	I	I	T	A	L	I	E	N	J	C	H	I	L	E
R	T	A	N	G	C	O	S	T	A	R	I	C	A	Z	I	A	R
I	E	N	L	U	H	G	M	S	I	T	N	V	Z	P	R	B	G
A	M	O	N	A	C	O	V	A	X	Y	D	A	S	T	A	C	A
B	A	W	I	S	L	A	N	D	N	Z	I	M	N	R	N	N	M
E	L	V	E	O	A	R	U	S	V	R	E	Z	U	Z	D	W	B
L	A	K	D	P	Q	M	T	S	E	W	N	B	T	O	A	A	I
S	I	K	E	R	I	S	O	C	T	D	A	G	R	H	N	G	A
A	R	U	R	I	P	R	L	A	I	R	L	R	S	G	J	L	A
L	L	W	L	A	O	S	G	H	H	V	A	H	O	C	E	O	L
V	A	A	A	P	L	M	A	L	A	W	I	L	F	L	M	N	G
A	N	I	N	O	E	M	P	L	I	C	A	G	I	F	E	M	E
D	D	T	D	D	N	L	K	A	T	A	R	U	S	E	N	A	R
O	B	P	E	R	U	K	R	A	I	N	E	A	E	U	N	L	I
R	U	A	N	D	A	N	A	U	R	U	U	M	T	J	D	T	E
R	U	S	S	L	A	N	D	K	A	S	A	C	H	S	T	A	N
G	A	B	U	N	M	E	X	I	K	O	S	P	A	N	I	E	N

Algerien, Andorra, Angola, Antigua, Aruba, Australien, Chile, Costa Rica, El Salvador, Gabun, Gambia, Guam, Guatemala, Haiti, Indien, Irak, Iran, Irland, Island, Italien, Japan, Jemen, Kasachstan, Katar, ~~Kenia,~~ Kirgisien, Kuba, Kuwait, Laos, Liberia, Malawi, Mali, Malta, Mexiko, Monaco, Nauru, Nepal, Niederlande, Niger, Norwegen, Oman, Peru, Polen, Ruanda, Russland, Samoa, Spanien, Sudan, Taiwan, Togo, Ukraine, Zaire

Für jeden entdeckten Ländernamen gibt es 1 Punkt! Punkte: ____________

A 63 Quartett

In jedem der folgenden 2 Kästen stehen 48 Wörter, die 12 Gruppen mit jeweils 4 Verben ***A*** *und je 4 Adjektiven* ***B*** *bilden. Dies sind Wörter mit ähnlicher Bedeutung. Markiere und notiere die „Quartetts" wie im (Lösungs-)Beispiel!*

A

1. speisen, 2. beugen, 3. lodern, 4. annehmen, 5. verzehren, 6. ~~preschen~~, 7. genehmigen, 8. erlauben, 9. stolpern, 10. neigen, 11. ~~rennen~~, 12. essen, 13. glühen, 14. glauben, 15. wogen, 16. wimmern, 17. schwatzen, 18. klagen, 19. stürzen, 20. fluten, 21. rügen, 22. tadeln, 23. hänseln, 24. jammern, 25. ~~stürmen~~, 26. gestatten, 27. strömen, 28. ducken, 29. glimmen, 30. vermuten, 31. tafeln, 32. schimpfen, 33. tratschen, 34. ~~eilen~~, 35. bücken, 36. brennen, 37. meinen, 38. schelten, 39. bewilligen, 40. murmeln, 41. frotzeln, 42. seufzen, 43. foppen, 44. fallen, 45. fließen, 46. flüstern, 47. sticheln, 48. straucheln

Lösung:

1. **6 / 11 / 25 / 34**	5. ______	9. ______
2. ______	6. ______	10. ______
3. ______	7. ______	11. ______
4. ______	8. ______	12. ______

B

1. ~~arm~~, 2. echt, 3. geschmeidig, 4. schwül, 5. klotzig, 6. richtig, 7. schlaff, 8. gelenkig, 9. wahr, 10. ~~besitzlos~~, 11. grob, 12. pappig, 13. steinig, 14. unartig, 15. derb, 16. uneben, 17. dürftig, 18. teigig, 19. warm, 20. plump, 21. robust, 22. ~~mittellos~~, 23. boshaft, 24. weich, 25. biegsam, 26. ~~elend~~, 27. massig, 28. schlimm, 29. schlapp, 30. buckelig, 31. sonnig, 32. wirklich, 33. schwerfällig, 34. klebrig, 35. tückisch, 36. schadenfroh, 37. gering, 38. hinterlistig, 39. klobig, 40. energielos, 41. böse, 42. holprig, 43. spärlich, 44. hämisch, 45. zäh, 46. heiß, 47. wenig, 48. beweglich

Lösung:

1. **1 / 10 / 22 / 26**	5. ______	9. ______
2. ______	6. ______	10. ______
3. ______	7. ______	11. ______
4. ______	8. ______	12. ______

Für jedes richtig erkannte Quartett gibt es 4 Punkte! **Punkte:** ______

*In jedem der Wortkästen **A**, **B** und **C** bilden immer 5 Begriffe einen Zusammenhang. So gehören z. B. bei **A** „Bundesliga", „Pokal", „Toto", „Strafstoß" und „Trainer" zusammen. Markiere und notiere die „Quintetts" wie im (Lösungs-)Beispiel!*

A

1. ~~Bundesliga~~, 2. Aluminium, 3. Dose, 4. Anzug, 5. ~~Pokal~~, 6. Smoking, 7. Leber, 8. Blei, 9. ~~Toto~~, 10. Tasse, 11. Herz, 12. Kostüm, 13. Topf, 14. Frack, 15. Magen, 16. Eisen, 17. ~~Strafstoß~~, 18. Kupfer, 19. Büchse, 20. ~~Trainer~~, 21. Gold, 22. Niere, 23. Eimer, 24. Pyjama, 25. Lunge

B

1. Polen, 2. Vesuv, 3. Gerste, 4. Dornröschen, 5. Brocken, 6. Peru, 7. Bombay, 8. Mais, 9. Toulon, 10. Elbrus, 11. China, 12. Drosselbart, 13. Halifax, 14. Rosenrot, 15. Berlin, 16. Weizen, 17. Großglockner, 18. Ungarn, 19. Hafer, 20. Ätna, 21. Rotkäppchen, 22. Nigeria, 23. Gretel, 24. Roggen, 25. Neapel

C

1. Turnen, 2. Escudo, 3. Dynamometer, 4. Fagott, 5. Schutzblech, 6. Polo, 7. Tachometer, 8. Rubel, 9. Ventil, 10. Oboe, 11. Boxen, 12. Forint, 13. Dynamo, 14. Judo, 15. Triangel, 16. Voltmeter, 17. Pedal, 18. Dinar, 19. Thermometer, 20. Pfund, 21. Bratsche, 22. Fechten, 23. Pauke, 24. Felge, 25. Barometer

Lösung:

A	B	C
1. **Fußball: 1 / 5 / 9 / 17 / 20**	1. ______	1. ______
2. ______	2. ______	2. ______
3. ______	3. ______	3. ______
4. ______	4. ______	4. ______
5. ______	5. ______	5. ______

Für jedes richtig erkannte Quintett gibt es 2 Punkte! **Punkte:** ______

A 65 Sinnverwandt

In jeder Zeile (1–30) stehen jeweils 6 Wörter (a–f): Adjektive (1–15) und Verben (16–30). Vier der 6 Wörter sind immer „sinnverwandt“, zwei sind es nicht. Streiche sie aus!

	a)	b)	c)	d)	e)	f)
1.	still	~~müde~~	ruhig	~~gesund~~	tonlos	leise
2.	bitter	blank	gallig	herb	streng	blass
3.	grausam	barsch	ruppig	patzig	roh	unfreundlich
4.	schal	modrig	muffig	stickig	dunkel	dumpf
5.	echt	wahr	wirklich	lieb	richtig	glatt
6.	eben	dürr	flach	leer	platt	waagerecht
7.	glitschig	glatt	blank	rutschig	schlüpfrig	grau
8.	gierig	borstig	bärtig	haarig	steif	struppig
9.	flink	flott	toll	fleißig	schnell	rasch
10.	nackt	kühl	frisch	rasch	kalt	frostig
11.	rar	dürftig	knapp	kärglich	geizig	arm
12.	gutherzig	brav	neu	lieb	licht	folgsam
13.	grob	schlimm	derb	schlecht	plump	ungeschickt
14.	mutig	gut	kühn	tapfer	regsam	wacker
15.	wertlos	welk	verdorrt	verblüht	nutzlos	schlaff
16.	drehen	richten	wenden	bewegen	kreisen	rollen
17.	raufen	ringen	rutschen	balgen	siegen	kämpfen
18.	verhüllen	verdrängen	vertuschen	verweigern	verschleiern	verheimlichen
19.	stolpern	reißen	schieben	drücken	stoßen	drängen
20.	entlasten	erleichtern	abnehmen	ersetzen	retten	vermindern
21.	stehen	fallen	stürzen	brechen	straucheln	stolpern
22.	strahlen	freuen	funkeln	scheinen	glitzern	wirken
23.	springen	sprossen	sprießen	gießen	knospen	keimen
24.	schreien	befreien	grölen	brüllen	beschweren	plärren
25.	tadeln	rühmen	loben	preisen	ehren	helfen
26.	schaffen	tun	blenden	verrichten	erfolgen	machen
27.	meinen	wissen	glauben	erkunden	vermuten	annehmen
28.	protzen	prahlen	peinigen	brüsten	angeben	angeln
29.	schlichten	schleifen	schmirgeln	schneiden	glätten	polieren
30.	verbinden	verknoten	verknüpfen	verwahren	verkommen	verschlingen

Lösung: 1. b, d, ______________________________

____.

Für jedes richtig erkannte „Quartett“ gibt es 1 Punkt! **Punkte:** ____________

Wörter wie „arm“ und „reich“, „groß“ und „klein“ drücken Gegensätze aus. Markiere mithilfe der Auswahlantworten (a–d) die folgenden 30 Gegensatzpaare und notiere unten die Lösung!

	a)	b)	c)	d)
1. ~~Tag~~	Abend	Mittag	~~Nacht~~	Dämmerung
2. Freund	Partner	Bekannte	Verwandter	Feind
3. Liebe	Freude	Lust	Hass	Treue
4. Pulver	Zucker	Stein	Festkörper	Eisen
5. Härte	Güte	Milde	Gnade	Vergebung
6. Tadel	Lob	Glück	Gewinn	Beifall
7. Segen	Schimpf	Fluch	Schande	Verachtung
8. Fernweh	Glück	Verlust	Heimweh	Sehnsucht
9. Vogel	Himmel	Hund	Igel	Fisch
10. Arbeit	Lohn	Freiheit	Freizeit	Gewinn
11. Mut	Angst	Drang	Sorge	Flucht
12. hell	weich	dumpf	schrill	finster
13. hastig	schnell	langsam	faul	träge
14. warm	kühl	eiskalt	kalt	frisch
15. karg	reich	üppig	schwelgerisch	voll
16. betrübt	froh	lustig	freundlich	spaßig
17. gewandt	schwerfällig	faul	dumm	plump
18. freundlich	trostlos	ablehnend	still	schlecht
19. einsam	lebhaft	laut	beliebt	gesellig
20. geschwätzig	ruhig	tonlos	einsilbig	bescheiden
21. rau	spröde	flach	glatt	glitschig
22. aufwärts	rückwärts	abwärts	seitwärts	einwärts
23. glutheiß	eiskalt	taufrisch	eisig	sehr kühl
24. artig	schlimm	keck	feige	frech
25. fest	luftig	frei	lose	offen
26. mager	fett	üppig	dick	voll
27. klar	grau	trübe	dunkel	verschmutzt
28. teuer	günstig	preiswert	billig	kostenlos
29. nass	dürr	trocken	verdorrt	herb
30. leicht	wichtig	dick	fett	schwer

Lösung: 1. c, ____

____.

Für jedes richtige Gegensatzpaar gibt es 1 Punkt! **Punkte:** ____________

A 67 Gegensatzpaare

Jeder der folgenden Wortblöcke besteht aus 6 Verben. Mit jeweils 2 dieser Verben kannst du ein „Gegensatzpaar“ bilden. Markiere die Wortpaare und notiere unten die Lösung.

1. a) ~~lernen~~
b) pauken
c) ~~vergessen~~
d) wiederholen
e) vertiefen
f) bemühen

2. a) anhalten
b) gehen
c) laufen
d) stehen
e) rennen
f) tanzen

3. a) steigen
b) marschieren
c) fallen
d) auftauchen
e) auffangen
f) aufstehen

4. a) sühnen
b) vergelten
c) vergeben
d) beleidigen
e) befriedigen
f) rächen

5. a) verfluchen
b) spenden
c) erteilen
d) segnen
e) billigen
f) geben

6. a) passen
b) stehen
c) sitzen
d) liegen
e) sich befinden
f) zeigen

7. a) sinnen
b) vorhaben
c) träumen
d) nachdenken
e) fantasieren
f) wachen

8. a) arbeiten
b) herrschen
c) dienen
d) versklaven
e) sich fügen
f) aufgeben

9. a) verweilen
b) bleiben
c) wechseln
d) gehen
e) sitzen
f) aufstehen

10. a) gehen
b) lachen
c) schweigen
d) nicken
e) singen
f) sprechen

11. a) rühmen
b) jammern
c) klagen
d) loben
e) freuen
f) tadeln

12. a) wissen
b) vermuten
c) meinen
d) erkennen
e) glauben
f) annehmen

13. a) anbieten
b) billigen
c) preisgeben
d) begrüßen
e) ablehnen
f) versagen

14. a) fahren
b) bewegen
c) kommen
d) fliegen
e) verschwinden
f) gehen

15. a) kühlen
b) empfinden
c) schmelzen
d) frieren
e) tauen
f) erhitzen

16. a) erregen
b) erheitern
c) bewirken
d) besänftigen
e) stillen
f) erschlagen

17. a) heben
b) tragen
c) steigern
d) tauchen
e) sinken
f) senken

18. a) lösen
b) lockern
c) festigen
d) spannen
e) stärken
f) mäßigen

Lösung: 1 a / c, ____

____

Für jedes richtig erkannte Gegensatzpaar gibt es 2 Punkte! **Punkte:** ____________

Mit der Bezeichnung „gemeinsamer Nenner“ ist ein Wort gemeint, das zu den jeweils 4 vorgegebenen Wörtern gleich gut passt. Der gesuchte Ausdruck befindet sich rechts im Wortkasten. Schreibe die zusammengesetzten Substantive auf!

1.	Korn	Seide	Staubkorn
	Tuch	Himmel	Staubtuch
	Beutel	~~Staub~~	Staubbeutel
	Wolke	Getreide	Staubwolke
2.	Laib	Stahl	________
	Krume	Holz	________
	Messer	Küche	________
	Scheibe	Brot	________
3.	Salat	Mehl	________
	Kloß	Fleisch	________
	Topf	Kopf	________
	Brühe	Koch	________
4.	Probe	Schrift	________
	Rolle	Geld	________
	Führer	Bett	________
	Stück	Heer	________
5.	Stoß	Feuer	________
	Blitz	Knochen	________
	Gelenk	Stange	________
	Lager	Kugel	________
6.	Salz	Koch	________
	Geschirr	Deckel	________
	Platte	Pferde	________
	Käse	Grund	________
7.	Wasser	Regen	________
	Stück	Mist	________
	Satz	Grund	________
	Schule	Salz	________
8.	Lade	Dampf	________
	Schiff	Schub	________
	Kraft	Schneider	________
	Lehre	Rampe	________
9.	Ader	Wild	________
	Mine	Erz	________
	Fasan	Gold	________
	Zahn	Blut	________

10.	Freund	Ober	________
	Arzt	Haus	________
	Liebe	Gebet	________
	Buch	Tier	________
11.	Stange	Salz	________
	Streuer	See	________
	Säure	Zucker	________
	Hering	Schwefel	________
12.	Glätte	Geburt	________
	Treiben	Eis	________
	Ball	Schnee	________
	Wehe	Wasser	________
13.	Band	Ton	________
	Träger	Hals	________
	Höhe	Brief	________
	Taube	Eis	________
14.	Bremse	Koffer	________
	Griff	Leder	________
	Tasche	Garten	________
	Kuss	Hand	________
15.	Pest	Strom	________
	Götze	Öl	________
	Leitung	Benzin	________
	Tank	Rinder	________
16.	Untergang	Sonne	________
	Kugel	Mond	________
	Meer	Plastik	________
	All	Welt	________
17.	Wart	Haus	________
	Musik	Feld	________
	Flur	Sport	________
	Herr	Barock	________
18.	Platte	Ziegel	________
	Mauer	Holz	________
	Welle	Schall	________
	Wort	Guss	________

Für jede richtige Wortgruppe gibt es 4 Punkte! **Punkte:** ________

A 69 Kombinationen

Du siehst hier drei Spalten mit jeweils 26 Begriffen. Jedem Begriff der Spalte **A** *sollst du einen sinnverwandten Begriff aus Spalte* **B** *und* **C** *zuordnen. Streiche jeweils diese „Kombinationen“ durch und notiere unten die Lösung!*

A	B	C
1. ~~fehlerlos~~	A) preiswert	a) einst
2. einsam	B) damals	b) elegant
3. fertig	C) inmitten	c) erschwinglich
4. demütig	D) allein	d) vorbei
5. früher	E) ~~tadellos~~	e) verlassen
6. billig	F) erledigt	f) ~~einwandfrei~~
7. wispern	G) trällern	g) darben
8. edel	H) spröde	h) grübeln
9. huschen	I) überlegen	i) ausrichten
10. zugeben	J) brausen	j) unterwürfig
11. fassen	K) tadeln	k) schleichen
12. strömen	L) brauchbar	l) meinen
13. dazwischen	M) tuscheln	m) murmeln
14. fast	N) vermuten	n) empfangen
15. singen	O) erhalten	o) reizend
16. spüren	P) steuern	p) nieseln
17. baden	Q) bekennen	q) empfinden
18. rissig	R) erlesen	r) schnappen
19. rügen	S) hungern	s) mittendrin
20. glauben	T) regnen	t) gestehen
21. lenken	U) fühlen	u) in etwa
22. fasten	V) packen	v) schmettern
23. bekommen	W) kriechen	w) duschen
24. denken	X) ergeben	x) schroff
25. hinreißend	Y) ungefähr	y) schelten
26. tauglich	Z) betörend	z) verwendbar

Lösung: 1 E f, ____

____.

Für jede richtige Kombination erhältst du 2 Punkte! **Punkte:** __________

Die folgende Geschichte erzählt von einem Bauern, der zu einer besonderen List griff …
*Sortiere die „zerfallenen Sätze“ so, dass du jeweils einem Satz aus der Spalte **I** einen Teilsatz aus den Spalten **II** und **III** sinnvoll zuordnest. Schreibe dann den Text in dein Heft!*

I	II	III
1. Es lebte einmal ein armer Bauer,	der sehr reich war, (A)	aber auch sehr geizig. (a)
2. Es ging ihm schlecht,	ihm das Landstück zu verkaufen (B)	dass er überlistet worden war. (b)
3. Der Bauer hatte einen Schwager,	der arbeitete den ganzen Tag (C)	der auf einem Acker vergraben sei. (c)
4. Von ihm Hilfe zu erwarten	er habe einen Gold-klumpen gefunden, (D)	ohne Erfolg zu haben. (d)
5. In seine besten Kleider gehüllt	was ihm in den Weg kam; (E)	das er dringend brauchte. (e)
6. Der Bauer erzählte ihm,	erkannte er plötzlich, (F)	weil sich beide Männer hassten. (f)
7. Der Geizhals drängte den Bauern	wäre nutzlos gewesen, (G)	denn er hatte das Landstück teuer bezahlt. (g)
8. Als er zwei Tage vergebens gesucht hatte,	weil ihm Geld fehlte, (H)	um das Gold an sich zu bringen. (h)
9. Vor Wut zerschlug er alles,	eilte der Bauer zu seinem Schwager (I)	um ihn zu überlisten. (i)

Lösung: **1. C d,** ______________________________

____

______________________________.

Für jede richtige Zuordnung gibt es 2 Punkte! **Punkte:** ____________

A 71 Zerfallene Sätze 2

*Die folgende Geschichte berichtet von einem Bankraub, der nicht gelang. Sortiere die „zerfallenen Sätze" so, dass du jeweils einem Satzanfang aus der Spalte **I** ein Satzstück aus den Spalten **II** und **III** sinnvoll zuordnest! Notiere unten die Lösung, lies dann die Geschichte vor!*

I	II	III
1. Wegen versuchten Bankraubs nahmen	um 14 und 16 Uhr die Sparkasse betreten, (A)	nach der Alarmanlage. (a)
2. Er hatte bereits am Montag	dies für (B)	war aber vermutlich an der Ausführung seiner Tat gehindert worden. (b)
3. Dabei erkundigte	bei der Durchsuchung des Autos Werkzeug, eine Kinderpistole, ein Paar blaue Handschuhe (C)	Kriminalbeamte einen 30 Jahre alten Mann vorläufig fest. (c)
4. An diesem Tag hatte er jeweils	am Donnerstag, den 23. 3. 1999, (D)	und sie verständigten die Polizei. (d)
5. Der Angestellten war das Verhalten	hatte der Beschuldigte sein Auto in einer Seitenstraße, (E)	die Überwachung der Filiale. (e)
6. Deswegen übernahmen	er sich (F)	den Einbruch vorgesehen. (f)
7. Bei seiner Festnahme	in der Sparkasse N. bei einer 33 Jahre alten Angestellten (G)	und den oberen Teil eines Strumpfes. (g)
8. Die Polizisten fanden	des Mannes verdächtig vorgekommen (H)	unter falschem Namen ein Konto eröffnet. (h)
9. Offenbar war	Kriminalbeamte (I)	etwa 80 m von der Filiale entfernt, abgestellt. (i)

Lösung: 1. D c, ______________________________

____

______________________________.

Für jede richtige Zuordnung gibt es 2 Punkte! **Punkte:** ____________

*Aus den folgenden 3 Spalten (I–III) sollst du 26 „Redensarten" zusammensetzen: Der erste Teil einer Redensart steht jeweils in der Spalte **I**, der zweite Teil in der Spalte **II** oder **III**, hier stehen allerdings auch Redestücke, die nicht zum ersten Teil einer Redensart passen.*

I	II	III
1. ~~auf Knall~~	und Nebel (A)	und Riegel (a)
2. auf Biegen	und Versuchen (B)	und Klopfen (b)
3. unter Dach	und Schuppen (C)	und Gewissen (c)
4. an allen Ecken	und Würgen (D)	und Bögen (d)
5. auf Ehre	und Bewusstsein (E)	und Pack (e)
6. das Ende	und Not (F)	von der Strophe (f)
7. das ganze Drum	und Auf (G)	und Oben (g)
8. in Fleisch	wie Hose (H)	und Geist (h)
9. auf Gedeih	und Vertrauen (I)	und Brechen (i)
10. das ist Jacke	und Kanten (J)	wie Mantel (j)
11. mit Hängen	und Würden (K)	und Kraft (k)
12. ein Herz	und ein Kopf (L)	und ein Bein (l)
13. bei Nacht	und Tod (M)	und Tag (m)
14. mit Sack	und Plunder (N)	und Fach (n)
15. ohne Saft	und Fleisch (O)	und Mut (o)
16. in Reih'	und Nebel (P)	und Truppe (p)
17. bei Wind	vom Lied (Q)	und Verderb (q)
18. über Stock	~~und Fall~~ (R)	und Blut (r)
19. wie Schuppen	vom Kopf (S)	am Bein (s)
20. wie Topf	und Stein (T)	und Geschirr (t)
21. auf Leben	und Ende (U)	und Glied (u)
22. hinter Schloss	und Gefängnis (V)	und Haus (v)
23. mit Müh'	und eine Seele (W)	und Wetter (w)
24. auf Treu	und Deckel (X)	und Glauben (x)
25. ein Klotz	wie ein Bild (Y)	und Angst (y)
26. in Amt	von den Augen (Z)	und Dran (z)

Lösung: 1. R, ____

____

____.

Für jede richtig zusammengesetzte Redewendung gibt es 2 Punkte! **Punkte:** __________

A 73 Alte Redewendungen

Der folgenden Geschichte vom „Gauner-Bauern“ sind alle 32 „alten Redewendungen“ entnommen und in willkürlicher Reihenfolge unten im Kasten notiert worden. Setze die Redewendungen wieder richtig in den Märchentext ein!

Der Gauner-Bauer

Vor vielen, vielen Jahren lebte einmal ein armer Bauer, der arbeitete von **morgens bis abends**, doch so sehr er sich abrackerte, er schaffte es nur gerade mit ______________ zu überleben. Es ging ihm mehr ______________, Geld fehlte an allen ______________, niemand stand ihm mit ______________ zur Seite. Der arme Bauer hatte einen reichen Schwager, der in ______________ lebte. Die beiden Männer waren verschieden wie ______________, sie hassten sich wie ______________. Weit ______________ war bekannt, dass der Schwager ein gieriger Geizhals war, der weder ______________ fürchtete und bei ______________ sehr unbeliebt war. Ihn um ehrliche Hilfe zu bitten, wäre ohne ______________ gewesen, denn er hätte den armen Bauern mit ______________ davongejagt. Deshalb entschloss sich der Bauer, bevor er mit ______________ verloren war, mit dem Verwandten ______________ zu spielen und den Geizhals durch eine List zu bewegen, ihm ______________ zu öffnen. Von ______________ in seine besten Kleider gehüllt, eilte er zu seinem Schwager, dem er erzählte, er habe auf seinem ______________ einen riesigen Goldklumpen gefunden. Dies beteuerte er ______________, doch der Klumpen sei zu schwer zum Tragen. Der raffgierige Schwager, der hinter dem Geld her war wie der Teufel hinter der ______________, geriet vor Goldgier außer ______________. Er drängte den Bauern ihm sein Stück Land ______________ zu verkaufen und bot ihm eine hohe Geldsumme an. Er drängte den Bauern, bis ihm dieser den Kaufvertrag endlich ______________ unterzeichnete. Der Geizhals zählte die ausgemachte Kaufsumme auf ______________ genau auf den Tisch, ließ sein Pferd satteln und ritt ohne ______________, bis er ______________ bei seiner vermeintlichen Goldgrube angelangt war. Hastig grub er das kleine Feld des Bauern um, doch er fand kein Gold. Der Geizhals spuckte ______________ vor Wut und schlug alles, was ihm in den Weg kam, ______________. Er hätte vor lauter Wut den Bauern mit ______________ fressen oder ihn zumindestens im Keller bei ______________ schmachten sehen wollen, doch der gerissene Bauer wusste, dass es um ______________ ging, blieb verschwunden und ließ sich mit dem vielen Geld irgendwo die Sonne auf ______________ scheinen.

(1) Ach und Krach, (2) Tod und Teufel, (3) ~~morgens bis abends~~, (4) hoch und heilig, (5) fix und fertig, (6) Sinn und Zweck, (7) Haut und Haaren, (8) Feuer und Wasser, (9) Land und Leuten, (10) Rand und Band, (11) den Buckel, (12) Kopf bis Fuß, (13) Ecken und Enden, (14) Gift und Galle, (15) Schimpf und Schande, (16) Grund und Boden, (17) schwarz auf weiß, (18) Rat und Tat, (19) armen Seele, (20) Wasser und Brot, (21) schlecht als recht, (22) Katz und Maus, (23) Saus und Braus, (24) Rast und Ruh, (25) und breit, (26) Kopf und Kragen, (27) kurz und klein, (28) Katz und Hund, (29) Tür und Tor, (30) Hals über Kopf, (31) Heller und Pfennig, (32) Mann und Maus

Für jede richtig eingesetzte Redewendung gibt es 1 Punkt! **Punkte:** ______________

Im folgenden Lückentext fehlen viele Wörter, die entweder „groß- oder klein“geschrieben werden. Diese Wörter stehen in der richtigen Reihenfolge (1–62), aber in Großbuchstaben unten im Wortkasten. Setze die fehlenden Wörter in Normalschrift nacheinander in den Lückentext ein!

Krankfeiern

Eigentlich hat ____________ auch viel ____________. Man hatte Gerd am ____________ eingeliefert und seitdem hatte er Zeit zum ____________. Von allen Seiten erfuhr er nur das ____________. Der Doktor war zwar immer in ____________, aber sonst in ____________. Die Schwester sorgte trotz allem ____________ nicht nur für das ____________, sondern brachte ihm häufig etwas zum ____________ mit. Fürs ____________ blieb ihr zwar keine Zeit, dafür kam aber Gerds Frau ____________ und sorgte zugleich für ____________ und ____________. Erst ____________ hatte sie ihm ____________ mitgebracht, eine ____________, auf die er sonst wegen der Kalorien ____________ musste. Nur von den Kollegen hätte sich Gerd mehr ____________ gewünscht. Natürlich war Fred da gewesen, aber er war der ____________ und blieb auch der ____________. Er hatte das Formular von der ____________ dabeigehabt. Aber was war mit den ____________? Glaubten sie etwa, er mache auf ihre ____________ Urlaub? Schließlich war es kein ____________, wenn er im ____________ an der Straßenbahn ins ____________ geraten und ____________ gestürzt war. Heute war ____________, keiner von den ____________ arbeitete ____________. Gerds ____________ wurde von einem ____________ der Tür unterbrochen. Da waren die lange ____________: Ferdinand, der Spaßvogel, Rudi, der ____________, Emil mit seinem sicheren ____________, die ewig ____________ Petra und Schmidtchen, die ihm immer bei dem ____________ des Kaffees half. War das ein ____________! Alle ____________ versuchten ____________, auf der Bettkante ____________ zu finden. „Der ____________, sein Bein ist in ____________.“ – „Du bist ein Wildfang, nicht nur das rechte Bein gebrochen, auch das ____________ noch verstaucht!“ – „Kopf oder Bein ____________, es wird schon!“ Mit solchen Sprüchen wurden die ____________ auf dem Nachttisch abgeladen: ____________ Cognac, ____________ Schinken, ____________ Marzipan, ____________ Zigarillos und viel ____________. Auf etwas ____________ hatte Gerd die ganze Woche gehofft, aber jetzt waren ihm die ____________ allzu ____________. „Nichts ____________ in der Firma?“, fragte er vorsichtig. „Ich sehe zu, dass ich wieder zu ____________ komme, es gibt sicher schrecklich viel zu ____________. „Nur das ____________“, antwortete Ferdinand, „bleib du erst mal ____________, damit du dich wieder ans ____________ gewöhnst, das ist das ____________ für dich!“…

1. KRANKSEIN, 2. ANGENEHMES, 3. MONTAGMORGEN, 4. NACHDENKEN, 5. NETTESTE, 6. EILE, 7. ORDNUNG, 8. TRUBEL, 9. ÜBLICHE, 10. SCHMÖKERN, 11. PLAUDERN, 12. TÄGLICH, 13. UNTERHALTUNG, 14. WOHLERGEHEN, 15. GESTERN NACHMITTAG, 16. SCHWARZWÄLDER KIRSCHTORTE, 17. NASCHEREI, 18. VERZICHTEN, 19. ANTEILNAHME, 20. ERSTE, 21. EINZIGE, 22. SAARLÄNDISCHEN VERSICHERUNGSGRUPPE, 23. ANDEREN, 24. KOSTEN, 25. PERSÖNLICHES VERSAGEN, 26. GEDRÄNGE, 27. STOLPERN, 28. BÖSE, 29. SONNABEND, 30. TREULOSEN, 31. SONNABENDS, 32. GRÜBELN, 33. KRACHENDEN ÖFFNEN, 34. VERMISSTEN, 35. TÜCHTIGE, 36. AUFTRETEN, 37. FREUNDLICHE, 38. AUFBRÜHEN, 39. HALLO, 40. FÜNF, 41. GLEICHZEITIG, 42. PLATZ, 43. ÄRMSTE, 44. GIPS, 45. LINKE, 46. HOCH, 47. MITBRINGSEL, 48. FRANZÖSISCHER, 49. AMMERLÄNDER, 50. LÜBECKER, 51. BRASILIANISCHE, 52. SELBSTGEBACKENES, 53. ÄHNLICHES, 54: EINDRINGLINGE, 55. MUNTER, 56. NEUES, 57. KRÄFTEN, 58. TUN, 59. ALLTÄGLICHE, 60. LIEGEN, 61. LAUFEN, 62. BESTE

Für jeden Fehler ziehe dir jeweils 2 Punkte von der Höchstzahl (62 P.) ab! **Punkte:** ____________

A 75 Symbole statt Vokale

In dem folgenden Märchen-Text sind alle Vokale durch Symbole ersetzt worden:

a	e	i	o	u
■	●	△	◇	□

Präge dir diese Tabelle ein und versuche, den Text erst zu lesen, übertrage ihn dann in der üblichen Schreibweise ins Heft!

●△n ■fr△k■n△sch●s M■̈rch●n

●△n● gr◇ß● Tr◇ck●nh●△t w■r □̈b●r d■s L■nd g●k◇mm●n, d■s △n ■fr△k■ l■g. Z□●rst w■r d■s Gr■s br■□n □nd gr■□ g●w◇rd●n. D■nn st■rb●n B□̈sch● □nd B■̈□m●. D●r B◇d●n z●△gt● t△●f● R△ss●; ●r w■r h■rt w△● St●△n. K●△n R●g●n f△●l. D●r M◇rg●n ●rw■cht● ◇hn● d△● Erfr△sch□ng d●s T■□s. D△● W◇lk●n z◇g●n v◇rb●△.

D△● T△●r● w■r●n △n gr◇ß●r ■nz■hl v●rd□rst●t. N□r w●n△g● b●s■ß●n d△● Kr■ft ■□s d△●s●r □nb■rmh●rz△g●n W□̈st● z□ fl△●h●n. – D△● Tr◇ck●nh●△t d■□●rt● ■n. S●lbst d△● st■̈rkst●n □nd ■̈lt●st●n B■̈□m●, d●r●n W□rz●ln b△s t△●f △n d△● ●rd● r●△cht●n, v●rl◇r●n △hr● Bl■̈tt●r. ■ll● Br□nn●n □nd Fl□̈ss●, ■ll● Q□●ll●n □nd B■̈ch● w■r●n v●rtr◇ckn●t. N□r ●△n● ●△nz△g● Bl□m● w■r ■m L●b●n g●bl△●b●n, d●nn ●△n● g■nz kl●△n● Q□●ll● g■b n◇ch ●△n p■■r Tr◇pf●n W■ss●r. D◇ch d△● Q□●ll● w■r ■m V●rzw●△f●ln: „■ll●s v●rtr◇ckn●t □nd v●rd□rst●t □nd st△rbt. △ch k■nn d◇ch d■r■n n△chts m●hr ■̈nd●rn. W◇z□ s◇ll ●s n◇ch s△nnv◇ll s●△n, d■ss △ch d△● p■■r Tr◇pf●n ■□s d●r ●rd● h◇l● □nd ■□f d●n B◇d●n f■ll●n l■ss●?“, s■gt● d△● Q□●ll●.

●△n kr■̈ft△g●r B■□m st■nd △n d●r N■̈h●; ●r h■tt● b△sh●r □̈b●rl●bt. – ■ls ●r d△● Kl■g● d●r Q□●ll● h◇̈rt●, s■gt● ●r z□ △hr, b●v◇r ■□ch ●r st■rb: „N△●m■nd ●rw■rt●t v◇n d△r d△● g■nz● W□̈st● z□m Gr□̈n●n z□ br△ng●n. D●△n● ■□fg■b● △st ●s, n□r ●△n●r ●△nz△g●n Bl□m● L●b●n z□ g●b●n. M●hr n△cht.“

Für den richtig übertragenen Text gibt es insgesamt 20 Punkte.
Für jeden Fehler ziehe 1 Punkt ab!

Punkte: ______________

Druckfehler bereiten oft großes Kopfzerbrechen, weil sie den Sinn eines Wortes entstellen. Im Folgenden siehst du eine richtige „Druckfehlerteufelei". Markiere die Fehler und übertrage den Text richtig ins Heft!

Am Hochofen

Wer sind zur Beseichtigung einer Eisenhätte im Industreigebiet gefahren. Ein van Rauchchswaden bedeckter Himmil, qulamende Schlotte, reisenhafte Hochföen, möchtige Schlakenhalten, hohe Perge von Eiesenerzne und ein ohrenbedäubendre Lärm sind unsere eindröcke. Ein Petriebsinkenieur führt ans über Gleisanlgaen, auf denen eigenartige, ieserne Kübelwagen zu ienem Hochofen fahrne. Es ist ein Ungetmü, aus feuerfstem Gestien errichtet und von eim Gewirr van Rohrne, Eisenträgern, Sthlaverstrebungen and Treppen umkeben. In solch ienen Hochofen werten täklich mehr als tausent Tonnen Rhoiesen erzeugt. tSändig zugefährte, erhittze uftl pringt den fir deise hohe Temperatur notwendigen Sauerstoff. Dazu kommen 1000 Tonenn Kkos udn mehr als die dppollte Menge Eißenärz. Arbeiter, in schütznede Asbestangüzen gegleidet, öffnen gerade mit langen STanken den Verschluss dse btstichlochse. Eine wei Höllengutl brotelnde Mssae schießt hervor. Brausend ergeißt sich der ülghened Iesentsrahl in die bereitggstellten Pfannenawgen. Wri müenss fortblickne mu nicht geblendte uz werden. Abschleißend ziegt nus dre Ingenieur auf der gegenbüerleigendne Siete des oHchfoens die Stllee dse Schlakkenbastichs und asgt uns, dssa dsa Rhoeisen auch mi eikenen Werg zu Stahl ferarveitet wird.

Für jeden Fehler, den du übersiehst, ziehe jeweils 1 von 30 Punkten ab! **Punkte:** ____________

A 1

bemnoperhijkmanntuvwxayztastgluaqjölälipihausnptyv
vcrpbioanmganstafprhoipbtdübspmlasttvziacdfhjratsn
üxyofennihctgideiänotsuafkxvwzumistshcuellgarnneist
gactzhutgltwrcpabtaäxtostnortenatlgassjorttpnagödtrq
zhtgbffalluhctmutüerbducichwriggeldplleuäbdaabclist
pitsnmarztadcdaohzpkmueigzpvwahiballxoelmtalrutpxli
elhnäsüpevsuwvilcbcälinustabpalniesenutgjktonvzrsp
tofuenspanwtrfqlsabxxypüqulwcdnmätzabveitcbzäknall
salünuetbpncmloprstnvxzwleibgehnenienplfuztrscällulls
ghpilzakczbphhtrspdlabcghiäjtpfgehfroseqöplpmczxyiv
pefghctrzzankahctblapvddsürtoktrtagwameifruvwabcdfs
afghpaarsabrloftvxwndankplfihtazwäijztalpuasketrehts
pfghjzpijlmwznöäüztovwweinghtvacltuwxdjkkhalsaieipst
auesrgptwwqüzöjlnuvxywandbchungnmaotzcfhrosfstabs
anlüblcwoodwutnrlabsjdthifleaxpbdtpfälcwindndnahklk
xzäaidjehgpaffrzeitgcvptziepgehäpflezieldtsdiedrefdsz
adsrahcttodnurgottnieneinichtoogehtesquvtlmmsolerav
mastdasosbazübviefrehdehneuvwlpollmauäztshcnonviel
luieäschuptsvxqmadiebpipsiebfvoleghxäüneireitzvwghe
iksjwrumöpösöleidenrpsgastjfpaabcxtpfgfhiiabewxgasb
rsgpvwchatozghptsscxylmnaoyxznotefgzäptrtzüdefthklmn
viellieväüsbcdringhctvxznmjäbrottsgjöpdtpäslafkhaus
veipddfiabctudghaoeipvxqobernatzteitpvweeilghtatrvz
mäjtjabvgjäümzanklpaubsalbstaubtöievghhdgvjbbendeos

A 2

1. Guter Rat ist teuer.
2. Aller Anfang ist schwer.
3. Blinder Eifer schadet nur.
4. Wer zuerst kommt, mahlt zuerst.
5. Steter Tropfen höhlt den Stein.
6. Jeder ist seines Glückes Schmied.
7. Jeder ist sich selbst der Nächste.
8. Ein voller Bauch studiert nicht gern.
9. Was lange währt, wird endlich gut.
10. Wie man sich bettet, so liegt man.
11. Ein gutes Gewissen ist ein sanftes Ruhekissen.
12. Ein schlechtes Ei verdirbt den besten Kuchen.
13. Wer andern eine Grube gräbt, fällt selbst hinein.
14. Was ich nicht weiß, macht mich nicht heiß.
15. Man soll den Tag nicht vor dem Abend loben.
16. Eine Krähe hackt der anderen nicht die Augen aus.

A 3

1. Kuh, 2. Reh, 3. Wal, 4. Rad, 5. Zug, 6. Not, 7. Eis, 8. Uhr, 9. Tal, 10. Pol, 11. Ohr, 12. Gas, 13. Luft, 14. Kopf, 15. Zahn, 16. Ring, 17. Ofen, 18. Garn, 19. Dach, 20. Tier, 21. Reis, 22. Kies, 23. Buch, 24. Opel, 25. Raub

A 4

1. Rathaus, 2. Kirchen, 3. Schulen, 4. Sportplätze, 5. Schwimmbad, 6. Theater, 7. Polizei, 8. Feuerwehr, 9. Krankenhaus, 10. Kindergärten, 11. Spielplätze, 12. Grünanlagen, 13. Verkehrswege, 14. Postamt, 15. Müllabfuhr, 16. Stadtbibliothek, 17. Toiletten, 18. Gefängnis, 19. Beratungsstellen, 20. Seniorenheim, 21. Turnhallen, 22. Marktplatz, 23. Brunnenanlagen

A 7

1. 9 „p“ (1 / 9), 2 / 7, 3 / 8, 4 / 9, 5 / 9, 6 / 7, 7 / 8, 8 / 6, 9 / 8, 10 / 9, 11 / 6, 12 / 7, 13 / 9, 14 / 8, 15 / 8, 16 / 9, 17 / 6, 18 / 7, 19 / 9, 20 / 8, 21 / 9, 22 / 7, 23 / 6, 24 / 9, 25 / 6 (Anm. 3)

A 8

Durchgestrichen werden müssen:

Reihe A: 2, 3, 4, 6, 7, 8, 10, 11, 13, 17, 20, 21, 23, 24, 25, 27, 29
Reihe B: 2, 5, 8, 12, 13, 16, 18, 19, 20, 21, 24, 25, 26, 28, 30
Reihe C: 1, 2, 5, 7, 11, 12, 15, 21, 22, 27, 28, 29
Reihe D: 1, 2, 5, 9, 10, 11, 13, 14, 20, 21, 24, 25, 26, 27, 29
Reihe E: 1, 2, 5, 6, 7, 8, 9, 10, 12, 14, 15, 16, 18, 19, 20, 21, 23, 24, 25, 26, 27, 29, 30
Reihe F: 3, 4, 6, 9, 10, 12, 18, 19, 21, 25, 26, 30
Reihe G: 1, 5, 8, 10, 11, 12, 15, 18, 28, 30
Reihe H: 2, 4, 5, 6, 8, 12, 13, 16, 18, 19, 20, 22, 23, 25, 28, 29, 30
Reihe I: 2, 6, 10, 13, 14, 15, 19, 23, 24, 26, 27, 29, 30
Reihe J: 1, 3, 5, 6, 7, 9, 12, 13, 18, 19, 20, 24, 25, 26, 30
Reihe K: 1, 3, 5, 7, 8, 13, 16, 17, 20, 22, 23, 24, 25, 28, 30
Reihe L: 3, 4, 6, 8, 11, 12, 13, 14, 15, 17, 22, 23, 24, 26, 27, 30 (Anm. 4)

A 9

1. a) Ruhe, b) Pelz, c) Turm, d) Hausflur, e) Bett, f) Auto, g) Reis, h) Rotstift, i) Last, j) Ader, k) Boot, l) Klausur

2. a) 20, 18, 1, 21, 13; b) 16, 18, 5, 9, 19; c) 12, 5, 8, 18, 5; d) 7, 1, 18, 20, 5, 14, 26, 1, 21, 14; e) 13, 1, 18, 11, 20; f) 8, 5, 13, 4; g) 18, 15, 19, 5; h) 12, 9, 16, 16, 5, 14,

19, 20, 9, 6, 20; i) 13, 21, 20, 20, 5, 18; j) 19, 3, 8, 21, 12, 5; k) 2, 18, 15, 20; l) 13, 21, 19, 20, 5, 18, 11, 14, 1, 2, 5

3. a) Wasser, b) Nachricht, c) Werbung, d) Fahrrad, e) Raubtier, f) Tiergarten, g) Sportart, h) Rechnung, i) Gewicht

A 10

A: 1. Tat, 2. Eis, 3. Reh, 4. Rat, 5. Weg, 6. Ast, 7. Ton, 8. Bad, 9. Heu, 10. Bob, 11. Bus, 12. See, 13. Not, 14. Tor, 15. Mut

B: 1. Rand, 2. Bahn, 3. Welt, 4. Zelt, 5. Zahn, 6. Kopf, 7. Saal, 8. Salz, 9. Jahr, 10. Bein, 11. Mund, 12. Ring, 13. Ball, 14. Haus, 15. Brot

C: 1. Blumen, 2. Reifen, 3. Wurzel, 4. Lappen, 5. Schopf, 6. Garten, 7. Heimat, 8. Dattel, 9. Putzer, 10. Beutel, 11. Staude, 12. Mutter, 13. Schuld, 14. Montag, 15. Fichte

A 13

1. b, c; 2. a, c; 3. d, e; 4. a, b, c, d, e; 5. a; 6. a, b, e; 7. a, e; 8. a, b, c (Anm. 5)

A 14

I. 1 / 3 / 2, II. 2 / 1 / 3, III. 2 / 1 / 3, IV. 5 / 1 / 3 / 2 / 4, V. 4 / 3 / 5 / 1 / 2, VI. 3 / 1 / 4 / 2 / 5 (Anm. 6)

A 15

A: 1. A B C Q B, 2. M F O J S, 3. K E J S P, 4. N R P M R, 5. H K T S Q

B: 1. P T C, E K P, P T H, 2. H A R, N M Q, L A R, 3. J F N, H Q O, N M Q, 4. R K P, B R K, Q F K, 5. M Q O, P T C, B R N

Weitere Lösungen möglich. (Anm. 7)

A 16

1.  Streichholzschachtel
2. 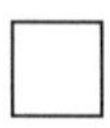 Hundeschlittenfracht
3. 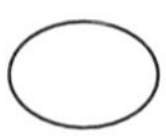 Hausflurtreppenlicht
4. 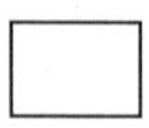 Nachrichtensatellitenantenne
5.  Schallplattengeschäft
6.  Donaudampfschifffahrt
7.  Schornsteinfegermeister
8.  Pflanzenschutzmittel
9.  Scherzartikelverkauf
10.  Kreissparkasse

A 17

1. / 18, 2. / 11, 3. / 5, 4. / 11, 5. / 7, 6. / 8, 7. / 8

A 18

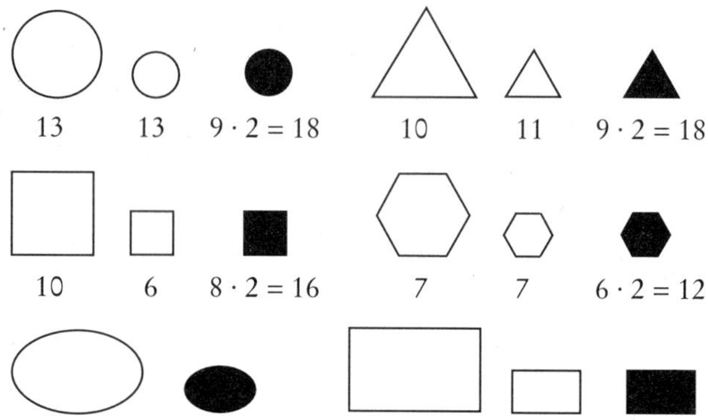

A 19

A: 31 Kreise;
B: 26 Quadrate;
C: 22 Kreise, 15 Dreiecke, 9 Rechtecke, 24 Quadrate

A 20

1. 27 / 18 Würfel, 2. 27, 3. 27 / 18, 4. 26, 5. 27, 6. 23 / 1, 7. 21, 8. 24, 9. 27 / 15, 10. 25 / 39, 11. 27 / 18, 12. 27, 13. 26, 14. 26 / 4, 15. 26 / 10 (Anm. 8)

A 21

Die Wortschlange besteht aus 96 Wörtern.

A 22

Es sind 95 Städtenamen. (Anm. 9)

A 23

1.

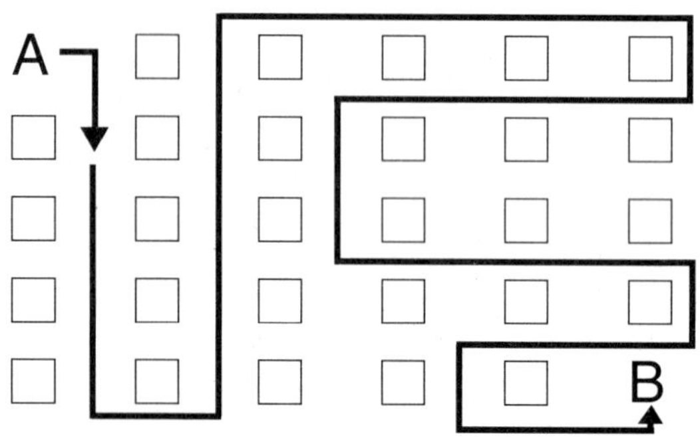

2.

C	D	A	B
A	B	C	D
B	A	D	C
D	C	B	A

3.
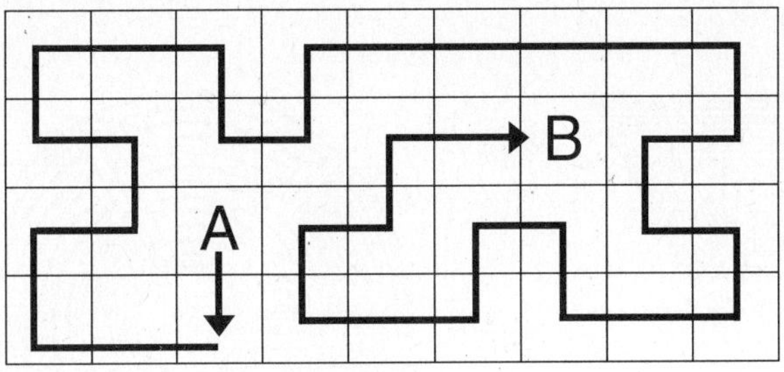

4.
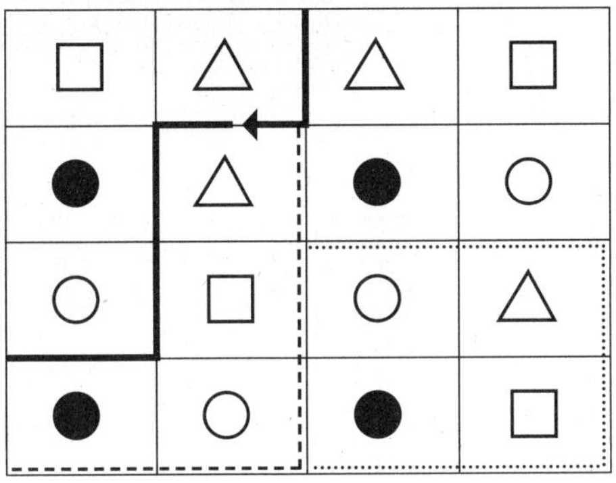

A 24

1.

a)		b)	
1	D	1	G
2	A	2	D
3	G	3	F
4	I	4	A
5	C	5	J
6	F	6	E
7	B	7	C
8	J	8	I
9	H	9	B
10	E	10	H

2.
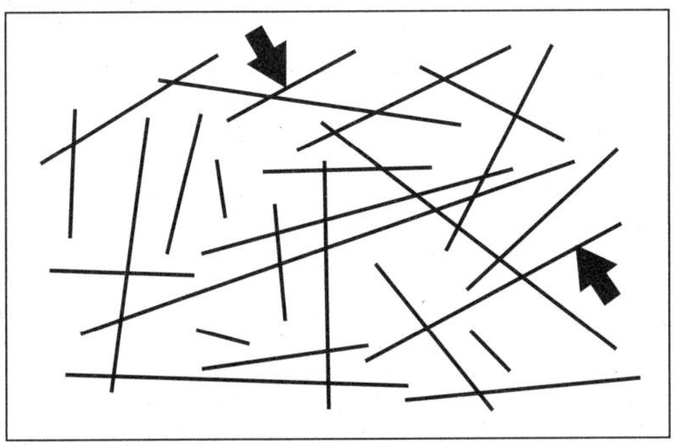

3. 1. Reihe: Nr. 3 und Nr. 4
   2. Reihe: A und C

5. Kreis: b + c + d
   Quadrat: e + g + h (Anm. 10)

A 25

1. 5 Quadrate, 2. 11 Quadrate, 3. 14 Quadrate,
4. 8 Rechtecke, 5. 9 Rechtecke, 6. 24 Dreiecke,
7. 11 Quadrate, 11 Rechtecke, 24 Dreiecke,
8. 10 Quadrate, 8 Rechtecke, 16 Dreiecke,
9. 10 Quadrate, 8 Rechtecke, 48 Dreiecke

A 26

1.
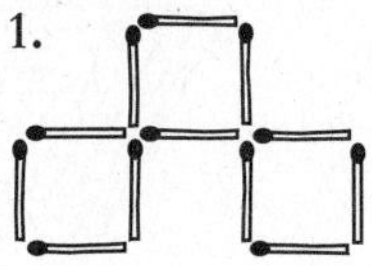
2.
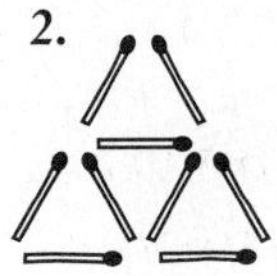
3.
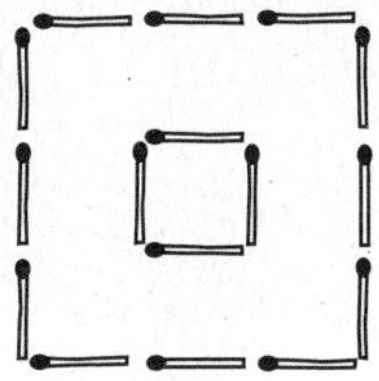
4.
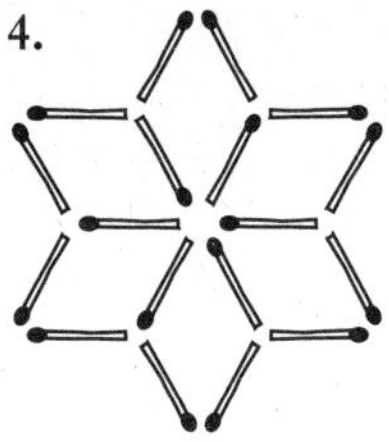
5.
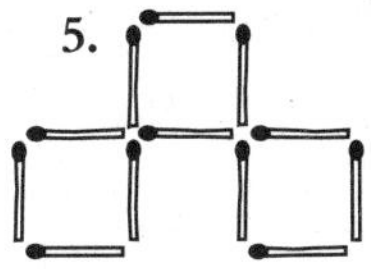
6.
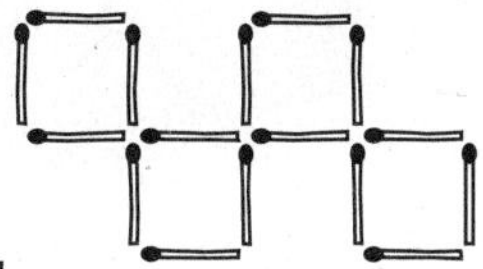
7.
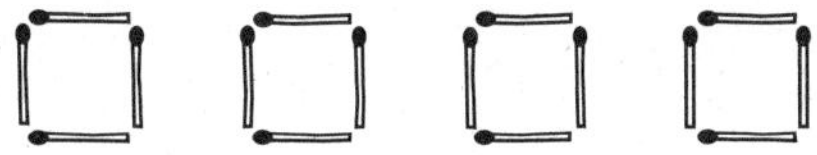
8.
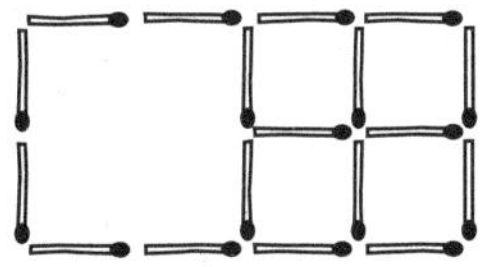
9.
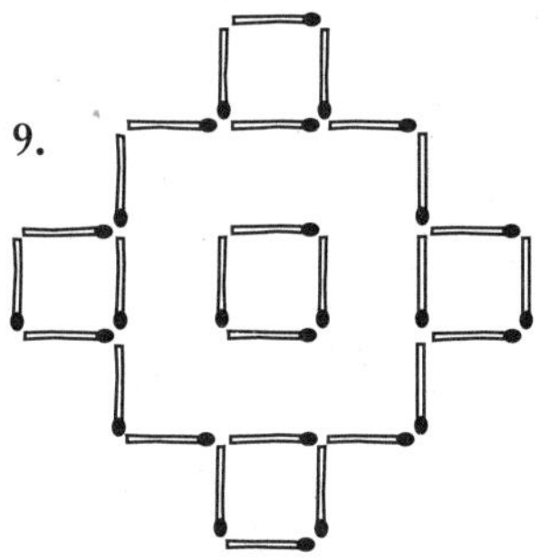
10.
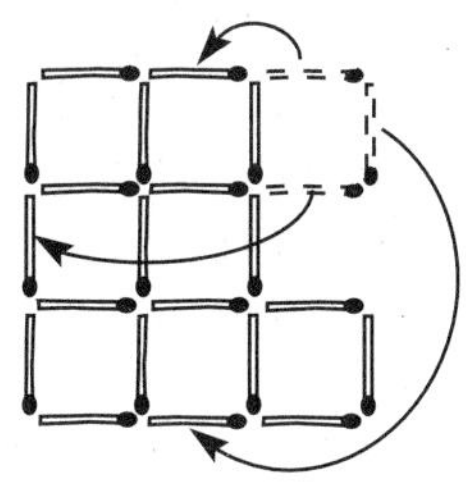

(Anm. 11)

A 27

Lösung s. nächste Seite.

(Anm. 12)

A 28

(Anm. 13)

A 29

5. Die Punktschrift hat vor 100 Jahren (Louis) Braille erfunden.

A 30

Tiefseetaucher haben in der Südsee unbekannte Lebewesen in einem unzugänglichen Korallenriff entdeckt. Sie nannten die seltsamen Meeresbewohner Schnaggel. Auffallend ist die Gestalt der Schnaggel. Die Erwachsenen sind vier cm groß. Die Kinder sind viel kleiner und die Babys ohne Lupe kaum zu erkennen. Der Körper der Schnaggel gleicht einer kleinen Kartoffel mit Beinen. Auffallend ist die violette Haut dieser Wesen.

(Anm. 14)

A 27

1.

2.

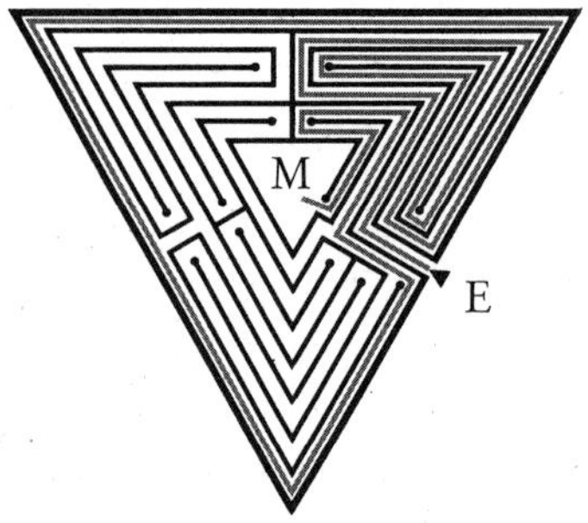

3.

4.

5.

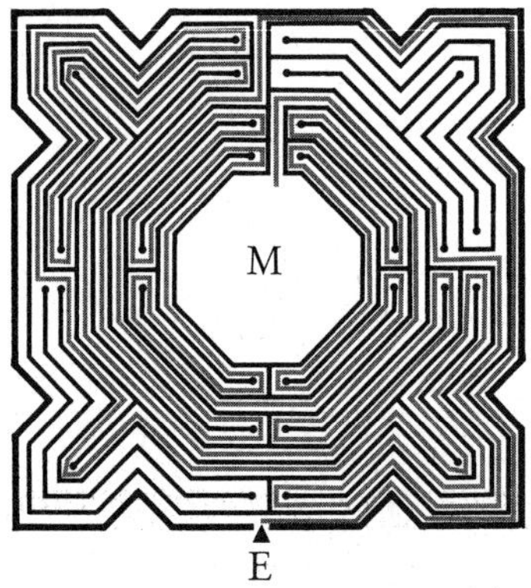

6.

A 31

1. Satelliten sind Raumflugkörper, die um die Erde kreisen. Ihre Bahnhöhe beträgt etwa 30 000 Kilometer. Sie sammeln Daten und fotografieren Teile der Erdoberfläche. Satelliten übermitteln Telefongespräche und Fernsehprogramme.

2. —•• / • / •—• // —— / ——— / •—• / ••• / • /
•— / •——• / •——• / •— / •—• / •— / — //
•• / ••• / — // • / •• / —• // ——• / • /
•—• / •—•— / — // ——•• / ••— / •—• //
••—— / —••• / • / •—• / — / •—• / •— /
——• / ••— / —• / ——• // •••— / ———— / —• //
•• / —• / ••—• / ——— / •—• / —— / •— /
— / •• / ——— / —• / • / —• // •••••• //

A 32

1. G, 2. K, 3. g, 4. P, 5. U, 6. X, 7. P, 8. g,
9. K (Alphabet von hinten, je 2 Buchstaben ausgelassen),
10. U (Vokale),
11. P (Konsonanten, „e" klingt nach),
12. R (Konsonanten, „e"F, „e"L, „e"M, „e"N),
13. U (je 4 Buchstaben ausgelassen),
14. P, Q (je 2 Buchstaben genannt, dann 1 Buchstabe ausgelassen),
15. P Q R (je 3 Buchstaben genannt, stets 1 Buchstabe mehr ausgelassen),
16. R, R, Q (Alphabet von hinten, je 2 Buchstaben genannt, dann der 3. Buchstabe jeweils verdoppelt),
17. A B Y,
18. D E E (der jeweils nächste Buchstabe wird verdoppelt, verdreifacht usw.),
19. S T U (3 Buchstaben genannt, 3 Buchstaben ausgelassen),
20. C Q P (3 Buchstaben von hinten genannt, dann 1 Buchstabe von vorn, wieder 3 Buchstaben rückwärts, dann der 2. Buchstabe von vorn usw.),
21. U V W X (1 Buchstabe genannt, 1 Buchstabe ausgelassen, 2 Buchstaben genannt, 2 Buchstaben ausgelassen, 3 Buchstaben genannt, 3 Buchstaben ausgelassen usw.),
22. Y (1 Buchstabe genannt, 3 Buchstaben ausgelassen, nächster Buchstabe genannt, 3 Buchstaben ausgelassen usw.)

A 33

1. 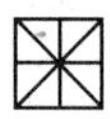 2.  3. 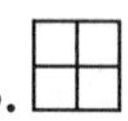 4.  5.  6. 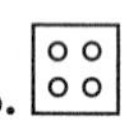

7.  8.  9.  10.  11.  12. 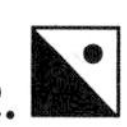

13. 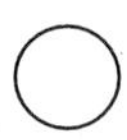 14. 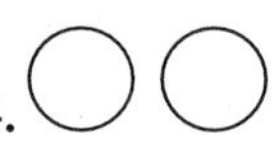 15.  16. 

17. 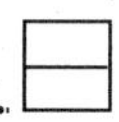 18.  19.  20.  21. 22. 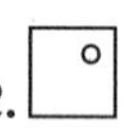

A 34

1. b, d (geteilte Figur), 2. b, e (nur 3 F.),
3. a, c (schwarze F.), 4. b, d (gekrümmte F.),
5. d, e (je 2 Kreise), 6. a, e (Punkt in der F.),

7. b, c (2 F. berühren sich), 8. c, e (2 F. schneiden sich),
9. a, b (je 2 schwarze Flächen)

A 35

1. c, d (2 F. nicht diagonal verteilt),
2. d, e (F. nicht schwarz),
3. d, e (F. nicht schwarz),
4 . a, d (nur Kreis, d wiederholt c),
5. b, e (Kreise links neben Rechteck),
6. d, e (d, e wiederholen c),
7. c, e (c müsste 4, e 5 Striche enthalten),
8. d, e (d müsste 3, e 2 Figuren enthalten),
9. b, d (b, d müssten 3 schwarze Quadrate enthalten),
10. a, b (Kreis ist kleiner als Quadrat)

A 36

1. c, 2. b, 3. c, 4. b, 5. c, 6. a, 7. c, 8. d, 9. b,
10. c, 11. d, 12. c, 13. a

A 37

1. a, 2. b, 3. c, 4. e, 5. c, 6. a, 7. a, 8. d,
9. e, 10. c (Anm. 15)

A 38

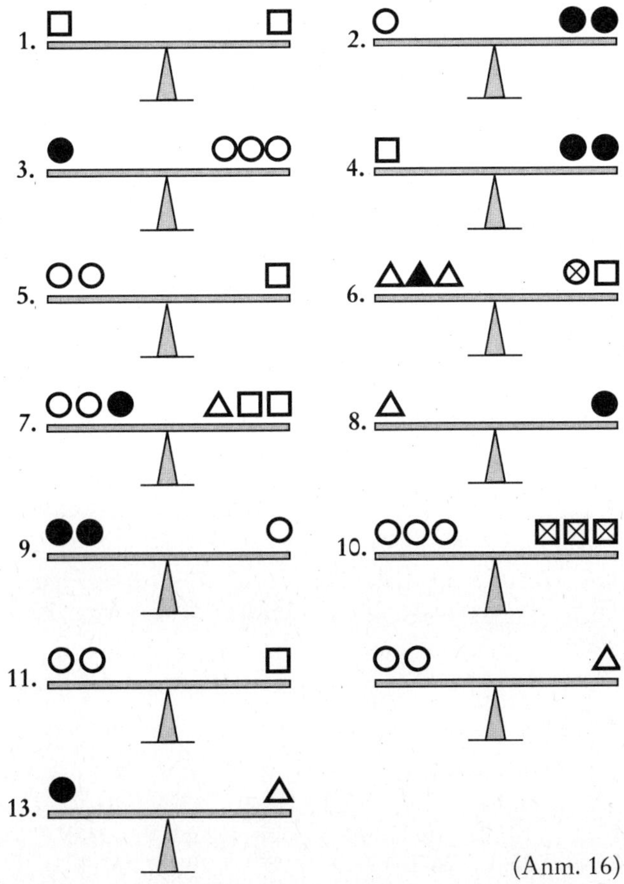

(Anm. 16)

A 39

1. Rad B: linksherum, 2. Rad D: rechtsherum,
3. Rad C: linksherum, 4. Rad D: rechtsherum,
5. Rad D: linksherum, 6. Rad A: rechtsherum,
7. Rad F: rechtsherum, 8. Rad A: rechtsherum,
9. Rad G: rechtsherum

(Anm. 17)

A 40

l. Schraubenschlüssel B, 2. kein Unterschied,
3. Körper B, 4. mit Wagen 2, 5. mit Zange 1, 6. Fass 1,
7. in Richtung 1, 8. Schiff 2, 9. auf Scheibe A,
10. in Richtung A, 11. in Richtung B,
12. in beiden Richtungen – hin und her

(Anm. 18)

A 41

1. Verwandte, 2. Gruppen, 3. Feiertage, 4. Gewässer,
5. Schmetterlinge, 6. Währungen, 7. Südfrüchte,
8. Getreidearten, 9. Energiestoffe, 10. Messgeräte,
11. Elemente, 12. Raummaße, 13. Werkzeuge,
14. Baustoffe, 15. Verschlüsse, 16. Seefische,
17. Blasinstrumente, 18. Bekleidungsstoffe,
19. Gewürze, 20. Fremdsprachen, 21. Gotteshäuser,
22. Schmuck, 23. Verkehrsmittel, 24. Kopfbedeckungen,
25. Heilpflanzen, 26. Genussmittel, 27. Tageszeiten,
28. Raubtiere, 29. Metalle, 30. Insekten

A 42

1. Familienangehörige, 2. weibl. Vornamen,
3. Leistungssportler, 4. Sporenpflanzen,
5. Gewürzpflanzen, 6. Blütenpflanzen, 7. Pilze,
8. Papageien, 9. Dickhäuter, 10. Seefische,
11. Kernobst, 12. Hülsenfrüchte, 13. ölhaltige Früchte,
14. Mineralstoffe, 15. Kunststoffe, 16. Gartengeräte,
17. Turngeräte, 18. Zupfinstrumente,
19. Tasteninstrumente, 20. Blasinstrumente,
21. Backwaren, 22. Wege, 23. Nadelbäume,
24. Barrieren, 25. Wild, 26. Gewässer,
27. Bodenerhebungen, 28. Druckerzeugnisse,
29. Textilien, 30. Lebewesen

A 43

A: 1. Lebensmittel, 2. Bauwerke, 3. Verkehrsmittel,
4. Lebewesen, 5. Werkzeuge, 6. Schutzvorrichtungen,
7. Körperorgane, 8. Familienangehörige,
9. weibl. Vornamen, 10. europäische Hauptstädte,
11. Getränke, 12. Zierpflanzen, 13. Landfahrzeuge,
14. Saiteninstrumente, 15. Getreidearten,
16. optische Geräte, 17. Behälter,
18. Transportmittel, 19. Berufe, 20. Warnsignale,
21. Niederschläge, 22. Druckerzeugnisse

B: 1. Möbelstücke, 2. Kleidungsstücke, 3. Behälter,
4. Rohstoffe, 5. Anfänge, 6. Aggregatzustände des
Wassers, 7. Himmelskörper, 8. Grundnahrungsmittel,

9. männl. Vornamen, 10. deutsche Flüsse, 11. Schuhsorten, 12. inländische Früchte, 13. Wasserfahrzeuge, 14. Verbrauchsartikel, 15. Legierungen, 16. Edelmetalle, 17. Lebewesen, 18. Maße, 19. Wasserverteiler, 20. Flüssigkeiten, 21. Bodenerhebungen, 22. Schmuck

A 44

Buch – Bücherbrett – Bücherregal – Schreibtisch – Stuhl – <u>Möbel</u> – Schrank – Dusche – Wanne – <u>Bad</u> – Bidet – Keller – Dach – <u>Haus</u> – Treppe – Wohnung – <u>Häuserblock</u> – Tiefgarage – Eingänge – <u>Telefon</u> – Hörkapsel – Wählscheibe – Taschenlampe – Batterie – Glühbirne – <u>Thermometer</u> – Steigrohr – Skala – Windrose – <u>Kompass</u> – Magnetnadel – Gehäuse – Heck – <u>Schiff</u> – Bug – <u>Rad</u> – Speiche – Nabe – Felge – Schutzblech – <u>Fahrrad</u> – Pedal – Rücklicht – Antenne – Programm – <u>Fernseher</u> – <u>Uhr</u> – Zifferblatt – Zeiger – Musik – <u>Radio</u> – Kopfhörer – <u>Baum</u> – Wurzel – Ast – Stamm – <u>Zoo</u> – Pfleger – Tiere – Regen – Wolken – <u>Wetter</u> – Minister – <u>Staat</u> – Kanzler – Regierung – Gipfel – Gebirge – Kamm – Schlucht – Anzeige – Werbung – Prospekt – Plakat – Reifen – <u>Auto</u> – Stopplicht – Sessel – Wohnung – Möbel – <u>Blüte</u> – Narbe – Griffel – Fruchtknoten – Knie – <u>Bein</u> – Wade – Oberlid – Pupille – Auge – Pfarrer – Chor – <u>Kirche</u> – Elektron – <u>Atom</u> – Proton – Kühlwasser – Brennstäbe – <u>Kernkraftwerk</u> – Papier – <u>Heft</u> – Linien – <u>Nadel</u> – Spitze – Öhr – Feder – Patrone – <u>Füller</u> – Stirn – Kinn – <u>Gesicht</u> – Stufe – Treppe – <u>Turm</u> – Sauerstoff – Wasserstoff – <u>Wasser</u> – <u>Kerze</u> – Docht – Stearin – Kolben – Luftpumpe – Zylinder – Schaft – Absatz – <u>Schuh</u> – <u>Tisch</u> – Platte – Kante – Gestell – Topf – Rand – Deckel – Sitz – Lehne – Beine – <u>Stuhl</u> – Silbe – <u>Wort</u> – Buchstabe – Titel – Autor – <u>Buch</u> – Umschrift – Legierung – <u>Münze</u> – Schenkel – Griff – <u>Schere</u> – Scharnier – Rute – Angel – Schnur – Griff – Stickstoff – Sauerstoff – <u>Luft</u> – Komma – Punkte – <u>Zeichen</u> – Strich – Vater – Kind – <u>Familie</u> – <u>Werkzeugkiste</u> – Hammer – Zange – <u>Berg</u> – Gipfel – Abhang – Glühlampe – Gewinde – Fußkontakt – Pluspol – Minuspol – <u>Batterie</u> – Bedienungsblende – <u>Kühlschrank</u> – Gefrierraum – Kühlraum – Wellenleiter – Glaskeramik – <u>Mikrowelle</u> – Tubus – Beleuchtungsspiegel – Mikroskop – Sehnerv – Netzhaut – Auge – Pupille – Rücklauf – Zentralheizung – Vorlauf – Düse – <u>Turbine</u> – Laufrad – Gehäuse – Löwenzahn – <u>Wiese</u> – Gras – <u>Waschmaschine</u> – Trommel – Pumpe – Kochautomatik – Druckknopf – Minenspitze – Hülse – Kugelschreiber – Schaft – <u>Schraubenzieher</u> – Holzgriff – Spitze – Gewinde – <u>Schraube</u> – Kopf – Joghurtbecher – Becherrand – Lasche – Vakuumdeckel – Griff – Spirale – <u>Korkenzieher</u> – Deckel – Schlösser – <u>Koffer</u> – Scharnier

Es sind 67 „Ganze".

A 45

1. d, 2. c, 3. c, 4. b, 5. c, 6. d, 7. e, 8. a, 9. b, 10. d, 11. d, 12. b, 13. c, 14. e, 15. c, 16. c, 17. e, 18. d, 19. a, 20. d, 21. b, 22. e, 23. d, 24. c, 25. a, 26. e, 27. c, 28. e, 29. c, 30. b

A 46

A: 1. d, 2. b, 3. d, 4. c, 5. b, 6. a, 7. c, 8. d, 9. b, 10. d
B: 1. c, 2. a, 3. b, 4. a, 5. d, 6. b, 7. a, 8. c, 9. a, 10. c
C: 1. a, 2. c, 3. d, 4. d, 5. d, 6. b, 7. a, 8. c, 9. c, 10. a

A 47

1. d, 2. b, 3. b, 4. c, 5. a, 6. d, 7. c, 8. b, 9. b, 10. a, 11. d, 12. c, 13. d, 14. a, 15. b, 16. c, 17. a, 18. b, 19. d, 20. a, 21. b, 22. c, 23. c, 24. a, 25. a, 26. a, 27. b, 28. c, 29. c, 30. a

A 48

1. Smoking, 2. Kritik, 3. Balken, 4. Horde, 5. Gage, 6. Insasse, 7. Illustrierte, 8. Telegramm, 9. Unrast, 10. Märchen, 11. Flagge, 12. Qual, 13. Dämon, 14. Steuern, 15. Krater, 16. Bollwerk, 17. Villa, 18. Monarch, 19. Jüngling, 20. Scholle, 21. Radau, 22. Masse, 23. Saum, 24. Pfahl, 25. Tabelle, 26. Schmerz, 27. Stoß, 28. Seil, 29. Triumph, 30. Gebärde

A 50

1. Winter, 2. Werkzeug, 3. Lied, 4. Tier, 5. Musik, 6. Eis, 7. Fuß, 8. Rinde, 9. Blume, 10. Wüste, 11. Kälte, 12. Temperatur, 13. Haut, 14. Wohnung, 15. Bogen, 16. Korn, 17. Nest, 18. Tochter, 19. Bach, 20. Strom, 21. Holz, 22. Wasser, 23. Riegel, 24. Achse, 25. Messer, 26. Bett, 27. Noten

A 51

1. spielen, 2. schneiden, 3. trinken, 4. lachen, 5. tadeln, 6. fliegen, 7. schreiben, 8. Tal, 9. Pfeffer, 10. Gabel, 11. Eisenbahn, 12. Winter, 13. Wohnung, 14. Heute, 15. Schwimmhäute, 16. Hecke, 17. Maß, 18. Sprosse, 19. Schere, 20. Raupe, 21. Sau, 22. Gans, 23. Warschau, 24. Teekessel, 25. Haut, 26. Erfrischung, 27. Nadel

A 52

1. b, 2. c, 3. a, 4. b, 5. a, 6. a, 7. c, 8. a, 9. b, 10. b, 11. c, 12. b, 13. a, 14. c, 15. a, 16. b, 17. c, 18. a, 19. b, 20. b, 21. c

A 53

1. c, 2. b, 3. a, 4. d, 5. b, 6. c, 7. a, 8. c, 9. d, 10. a, 11. d, 12. b, 13. c, 14. a, 15. d, 16. c, 17. a, 18. d

A 54

1. I, 2. I, 3. V, 4. V, 5. I, 6. V, 7. V, 8. I, 9. V, 10. I, 11. V, 12. V, 13. I, 14. V, 15. V, 16. I, 17. V, 18. V, 19. I, 20. V, 21 . I, 22. V, 23. V, 24. V, 25. I, 26. I, 27. V, 28. I, 29. V, 30. I

A 55

1. T, 2. M, 3. M, 4. T, 5. T, 6. M, 7. T, 8. M, 9. M, 10. T, 11. M, 12. T, 13. M, 14. M, 15. T, 16. M, 17. T, 18. T, 19. M, 20. T, 21. M, 22. T, 23. M, 24. M, 25. T, 26. M, 27. T, 28. M, 29. T, 30. T

A 56

1. R, 2. F, 3. F, 4. R, 5. F, 6. F, 7. R, 8. F, 9. F, 10. R, 11. R, 12. R, 13. R, 14. F, 15. F, 16. R, 17. F, 18. R, 19. F, 20. R, 21 . R, 22. F, 23. F, 24. R, 25. F

A 57

1. eckig, 2. schwach, 3. frisch, 4. braun, 5. stark, 6. schwül, 7. violett, 8. unfreundlich, 9. hügelig, 10. trocken, 11. teuer, 12. winzig, 13. langsam, 14. schnell, 15. geduldig, 16. aufwändig, 17. ruhen, 18. schweigen, 19. bewachen, 20. quälen, 21. sprechen, 22. erfinden, 23. schlagen, 24. jammern, 25. radieren, 26. entdecken, 27. verheimlichen, 28. abholen, 29. trinken, 30. kratzen, 31. essen, 32. maulen, 33. Anfang, 34. Armut, 35. Mehrzahl, 36. Schornstein, 37. Lebensmittel, 38. Vorsprung, 39. Spielverlauf, 40. Abenteuer, 41. Reihenfolge, 42. Kleidung, 43. Flugplatz, 44. Spiegel, 45. Pulver, 46. Zuckerdose, 47. Fingernagel, 48. Stuhlbeine

A 58

1. Kartoffelbrei, 2. Gardinenstoff, 3. Aufsichtsperson, 4. Bucheinband, 5. Briefmarkenalbum, 6. Kofferradio, 7. Kirchturmglocke, 8. Wasserpistole, 9. Sonntagsspaziergang, 10. Rosenstrauch, 11. Wachsfigurenkabinett, 12. Heimatort, 13. Buntpapier, 14. Wasserrohrbruch, 15. Wintermonat, 16. Kastanienbaum, 17. Butterbrotpapier, 18. Lichthupensignal, 19. Schnittmusterbogen, 20. Schmuckdiebstahl, 21. Handpuppenspiel, 22. Brieftaubenpost, 23. Vogelfluglinie, 24. Osternachtgottesdienst, 25. Wasserschutzpolizei, 26. Schlossermeisterprüfung, 27. Kniebundhose, 28. Donaudampfschifffahrtsgesellschaft, 29. Hausflurtreppenlicht, 30. Hundeschlittenfahrt

A 60

A: 1. Tal, 2. Tor, 3. Eid, 4. Eis, 5. Reh, 6. Not, 7. Tod, 8. Hut, 9. Bus, 10. Tat, 11. Bob, 12. Huf, 13. Lot, 14. Tau, 15. Bau, 16. Ehe, 17. Nil, 18. Zug, 19. See, 20. Weg, 21. Ast, 22. Heu, 23. Ton, 24. Art, 25. Los

B: 1. Seil, 2. Beil, 3. Mahl, 4. Saal, 5. Herd, 6. Ball, 7. Fach, 8. Wand, 9. Kopf, 10. Herz, 11. Laus, 12. Nase, 13. Bild, 14. Wild, 15. Rebe, 16. Moos, 17. Salz, 18. Brot, 19. Hupe, 20. Esel, 21. Welt, 22. Keil, 23. Garn, 24. Dank, 25. Ende

A 61

Es sind 258 Kleinwörter. (Anm. 19)

A 62

L	S	T	B	A	M	T	K	O	K	I	R	G	I	S	I	E	N
I	G	A	E	N	A	V	U	N	E	P	A	L	D	P	A	B	I
B	U	I	N	T	L	W	B	N	N	O	R	W	E	G	E	N	G
E	A	W	I	I	I	T	A	L	I	E	N	J	C	H	I	L	E
R	T	A	N	G	C	O	S	T	A	R	I	C	A	Z	I	A	R
I	E	N	L	U	H	G	M	S	I	T	N	V	Z	P	R	B	G
A	M	O	N	A	C	O	V	A	X	Y	D	A	S	T	A	C	A
B	A	W	I	S	L	A	N	D	N	Z	I	M	N	R	N	N	M
E	L	V	E	O	A	R	U	S	V	R	E	Z	U	Z	D	W	B
L	A	K	D	P	Q	M	T	S	E	W	N	B	T	O	A	A	I
S	I	K	E	R	I	S	O	C	T	D	A	G	R	H	N	G	A
A	R	U	R	I	P	R	L	A	I	R	L	R	S	G	J	L	A
L	L	W	L	A	O	S	G	H	H	V	A	H	O	C	E	O	L
V	A	A	A	P	L	M	A	L	A	W	I	L	F	L	M	N	G
A	N	I	N	O	E	M	P	L	I	C	A	G	I	F	E	M	E
D	D	T	D	D	N	L	K	A	T	A	R	U	S	E	N	A	R
O	B	P	E	R	U	K	R	A	I	N	E	A	E	U	N	L	I
R	U	A	N	D	A	N	A	U	R	U	U	M	T	J	D	T	E
R	U	S	S	L	A	N	D	K	A	S	A	C	H	S	T	A	N
G	A	B	U	N	M	E	X	I	K	O	S	P	A	N	I	E	N

A 63

A: 1. 6 / 11 / 25 / 34
2. 2 / 10 / 28 / 35
3. 3 / 13 / 29 / 36
4. 4 / 14 / 30 / 37
5. 1 / 5 / 12 / 31
6. 21 / 22 / 32 / 38
7. 7 / 8 / 26 / 39
8. 15 / 20 / 27 / 45

9. 9 / 19 / 44 / 48
10. 16 / 18 / 24 / 42
11. 23 / 41 / 43 / 47
12. 17 / 33 / 40 / 46

B: 1. 1 / 10 / 22 / 26
2. 11 / 15 / 20 / 33
3. 2 / 6 / 9 / 32
4. 17 / 37 / 43 / 47
5. 3 / 8 / 25 / 48
6. 35 / 36 / 38 / 44
7. 4 / 19 / 31 / 46
8. 5 / 21 / 27 / 39

9. 7 / 24 / 29 / 40
10. 14 / 23 / 28 / 41
11. 12 / 18 / 34 / 45
12. 13 / 16 / 30 / 42

A 64

A: 1. Fußball: 1 / 5 / 9 / 17 / 20
2. Kleidung: 4 / 6 / 12 / 14 / 24
3. Behälter: 3 / 10 / 13 / 19 / 23
4. Körperorgane: 7 / 11 / 15 / 22 / 25
5. Metalle: 2 / 8 / 16 / 18 / 21

B: 1. Länder: 1 / 6 / 11 / 18 / 22
2. Berge: 2 / 5 / 10 / 17 / 20
3. Märchenfiguren: 4 / 12 / 14 / 21 / 23
4. Getreidearten: 3 / 8 / 16 / 19 / 24
5. Städte: 7 / 9 / 13 / 15 / 25

C: 1. Musikinstrumente: 4 / 10 / 15 / 21 / 23
2. Sportarten: 1 / 6 / 11 / 14 / 22
3. Fahrradteile: 5 / 9 / 13 / 17 / 24
4. Währungen: 2 / 8 / 12 / 18 / 20
5. Messinstrumente: 3 / 7 / 16 / 19 / 25

A 65

1. b, d, 2. b, f, 3. a, e, 4. a, e, 5. d, f, 6. b, d, 7. c, f, 8. a, e, 9. c, d, 10. a, d, 11. e, f, 12. c, e, 13. b, d, 14. b, e, 15. a, e, 16. b, d, 17. c, e, 18. b, d, 19. a, b, 20. d, e, 21. a, d, 22. b, f, 23. a, d, 24. b, e, 25. a, f, 26. c, e, 27. b, d, 28. c, f, 29. a, d, 30. d, e

A 66

1. c, 2. d, 3. c, 4. c, 5. b, 6. a, 7. b, 8. c, 9. d, 10. c, 11. a, 12. b, 13. d, 14. c, 15. b, 16. b, 17. a, 18. b, 19. d, 20. c, 21. c, 22. b, 23. a, 24. d, 25. c, 26. a, 27. b, 28. c, 29. b, 30. d

A 67

1. a / c, 2. b / d, 3 a / c, 4. c / f, 5. a / d, 6. b / d, 7. c / f, 8. b / c, 9. b / d, 10. c / f, 11. d / f, 12. a / e, 13. b / e, 14. c / f, 15. a / e, 16. a / d, 17. a / f, 18. b / c

A 68

1. Staub, 2. Brot, 3. Fleisch, 4. Schrift, 5. Kugel, 6. Koch, 7. Grund, 8. Schub, 9. Gold, 10. Tier, 11. Salz, 12. Schnee, 13. Ton, 14. Hand, 15. Öl, 16. Welt, 17. Haus, 18. Schall

A 69

1. Ef, 2. De, 3. Fd, 4. Xj, 5. Ba, 6. Ac, 7. Mm, 8. Rb, 9. Wk, 10. Qt, 11. Vr, 12. Tp, 13. Cs, 14. Yu, 15. Gv, 16. Uq, 17. Jw, 18. Hx, 19. Ky, 20. Nl, 21. Pi, 22. Sg, 23. On, 24. Ih, 25. Zo, 26. Lz

A 70

1. Cd, 2. He, 3. Aa, 4. Gf, 5. Ii, 6. Dc, 7. Bh, 8. Fb, 9. Eg

A 71

1. Dc, 2. Gh, 3. Fa, 4. Ab, 5. Hd, 6. Ie, 7. Ei, 8. Cg, 9. Bf

A 72

1. R; 2. i; 3. n; 4. J; 5. c; 6. Q; 7. z; 8. r; 9. q; 10. H; 11. D; 12. W; 13. P; 14. e; 15. k; 16. u; 17. w; 18. T; 19. Z; 20. X; 21. M; 22. a; 23. F; 24. x; 25. s; 26. K

A 73

1. (3), 2. (1), 3. (21), 4. (13), 5. (18), 6. (23), 7. (8), 8. (28), 9. (25), 10. (2), 11. (9), 12. (6), 13. (15), 14. (32), 15. (22), 16. (29), 17. (12), 18. (16), 19. (4), 20. (19), 21. (10), 22. (30), 23. (17), 24. (31), 25. (24), 26. (5), 27. (14), 28. (27), 29. (7), 30. (20), 31. (26), 32. (11)

(Anm. 20)

A 74

1. Kranksein, 2. Angenehmes, 3. Montagmorgen, 4. Nachdenken, 5. Netteste, 6. Eile, 7. Ordnung, 8. Trubel, 9. Übliche, 10. Schmökern, 11. Plaudern, 12. täglich, 13. Unterhaltung, 14. Wohlergehen, 15. gestern Nachmittag, 16. Schwarzwälder Kirschtorte, 17. Nascherei, 18. verzichten, 19. Anteilnahme, 20. Erste, 21. Einzige, 22. Saarländischen Versicherungsgruppe, 23. anderen, 24. Kosten, 25. persönliches Versagen, 26. Gedränge, 27. Stolpern, 28. böse, 29. Sonnabend, 30. Treulosen, 31. sonnabends, 32. Grübeln, 33. krachenden Öffnen, 34. Vermissten, 35. Tüchtige, 36. Auftreten, 37. freundliche, 38. Aufbrühen, 39. Hallo, 40. fünf, 41. gleichzeitig, 42. Platz, 43. Ärmste, 44. Gips, 45. linke, 46. hoch, 47. Mitbringsel, 48. französischer, 49. Ammerländer, 50. Lübecker, 51. brasilianische, 52. Selbstgebackenes, 53. Ähnliches, 54. Eindringlinge, 55. munter, 56. Neues, 57. Kräften, 58. tun, 59. Alltägliche, 60. liegen, 61. Laufen, 62. Beste (Anm. 21)

A 75

Ein afrikanisches Märchen

Eine große Trockenheit war über das Land gekommen, das in Afrika lag. Zuerst war das Gras braun und grau geworden. Dann starben Büsche und Bäume. Der Boden zeigte tiefe Risse; er war hart wie Stein. Kein Regen fiel. Der Morgen erwachte ohne die Erfrischung des Taus. Die Wolken zogen vorbei.

Die Tiere waren in großer Anzahl verdurstet. Nur wenige besaßen die Kraft aus dieser unbarmherzigen Wüste zu fliehen. – Die Trockenheit dauerte an. Selbst die stärksten und ältesten Bäume, deren Wurzeln bis tief in die Erde reichten, verloren ihre Blätter. Alle Brunnen und Flüsse, alle Quellen und Bäche waren vertrocknet. Nur eine einzige Blume war am Leben geblieben, denn eine ganz kleine Quelle gab noch ein paar Tropfen Wasser. Doch die Quelle war am Verzweifeln: „Alles vertrocknet und verdurstet und stirbt. Ich kann doch daran nichts mehr ändern. Wozu soll es noch sinnvoll sein, dass ich die paar Tropfen aus der Erde hole und auf den Boden fallen lasse?“, sagte die Quelle. Ein kräftiger Baum stand in der Nähe; er hatte bisher überlebt. – Als er die Klage der Quelle hörte, sagte er zu ihr, bevor auch er starb: „Niemand erwartet von dir die ganze Wüste zum Grünen zu bringen. Deine Aufgabe ist es, nur einer einzigen Blume Leben zu geben. Mehr nicht.“ (Anm. 22)

A 76

Am Hochofen

Wir sind zur Besichtigung einer Eisenhütte ins Industriegebiet gefahren. Ein von Rauchschwaden bedeckter Himmel, qualmende Schlote, riesenhafte Hochöfen, mächtige Schlackenhalden, hohe Berge von Eisenerzen und ein ohrenbetäubender Lärm sind unsere Eindrücke. Ein Betriebsingenieur führt uns über Gleisanlagen, auf denen eigenartige, eiserne Kübelwagen zu einem Hochofen fahren. Es ist ein Ungetüm, aus feuerfestem Gestein errichtet und von einem Gewirr von Rohren, Eisenträgern, Stahlverstrebungen und Treppen umgeben. In solch einem Hochofen werden täglich mehr als tausend Tonnen Roheisen erzeugt. Ständig zugeführte, erhitzte Luft bringt den für diese hohe Temperatur notwendigen Sauerstoff. Dazu kommen 1000 Tonnen Koks und mehr als die doppelte Menge Eisenerz. Arbeiter, in schützende Asbestanzügen gekleidet, öffnen gerade mit langen Stangen den Verschluss des Abstichloches. Eine wie Höllenglut brodelnde Masse schießt hervor. Brausend ergießt sich der glühende Eisenstrahl in die bereitgestellten Pfannenwagen. Wir müssen fortblicken um nicht geblendet zu werden. Abschließend zeigt uns der Ingenieur auf der gegenüberliegenden Seite des Hochofens die Stelle des Schlackenabstiches und sagt uns, dass das Roheisen auch im eigenen Werk zu Stahl verarbeitet wird. (Anm. 23)

Anmerkungen/Quellen

Anmerkungen

1. aus: H. Stephan, Vertretungsstunden in der Sekundarstufe I, 75 Arbeitsblätter mit spielerischen Sprachaufgaben, 1. Aufl., Stuttgart, Dresden 1995 (Klett-Verlag)
2. aus: H. Stephan, Vertretungsstunden in der Sekundarstufe I, 200 Konzentrations-, Sprach- und Sachaufgaben, 5. Aufl., Stuttgart, Dresden 1993, – Ders., Vertretungsstunden in der Grundschule, 4. Aufl., Stuttgart 1992 (Klett-Verlag)
3. aus: H. Hustedt, / R. Hilke, Einstellungstests, Niedernhausen / Ts. 1992 / 93, S. 76 (Falken-Verlag)
4. aus: G. Vollmer / G. Hoberg, Top-Training. Lernen – Behalten – Anwenden, Stuttgart 1994, S. 179 (Klett-Verlag)
5. aus: E. Ott, Optimales Denken. Trainingsprogramm, Reinbek b. Hamburg 1982, Nr. 11, 23, 48, 36, 62, 68 (Rowohlt Taschenbuch Verlag)
6. aus: G. Beyer, Rationelles Lesen leicht gemacht, Düsseldorf, Wien, New York 1988, S. 92 f (© by ECON Verlag)
7. aus: E. Ott, Optimales Denken. Trainingsprogramm, Reinbek b. Hamburg 1982, Nr. 8, 49 (Rowohlt Taschenbuch Verlag)
8. aus: H. Stephan, Vertretungsstunden in der Grundschule, Stuttgart 1992, S.48 (Klett-Verlag)
9. aus: U. Lauster, Konzentrationsspiele 3. Für das 5. und 6. Schuljahr, Reutlingen 1978, S. 43; Grafik übernommen (Ensslin & Laiblin Verlag)
10. aus: J. Lehmann, 2 mal 3 plus Spaß dabei, Köln 1985, S. 111, 131; Abb. Nr. 2, 3, 5 übernommen (Aulis Verlag/Deubner) – M. Meirovitz / P. I. Jacobs, Fitnesstraining für Denker, Köln 1989, S. 215, 222; Abb. Nr. 1, 4, übernommen (Du Mont Buchverlag)
11. aus: H. Stephan, Vertretungsstunden in der Grundschule, Stuttgart 1992 (Klett-Verlag). – D. Dambach (Hrsg.), Witz, Quiz & Co, Ravensburg 1987, S. 107, 57, 42, 172 (Otto Maier Verlag)
12. aus: P van Delft / J. Botermans, Denkspiele der Welt, München 1980, S. 135 (Hugendubl Verlag)
13. aus: H. Stephan, Vertretungsstunden in der Grundschule, Stuttgart 1992 S. 44 (Klett-Verlag)
14. aus: Sprachschlüssel, Sprachbuch, Grundausgabe, 6. Schuljahr, Stuttgart 1985, S. 116; Text geändert und stark gekürzt (Klett-Verlag)
15. aus: Ch. Titze, Keine Angst vor Einstellungstests. Niedernhausen / Ts. 1986, S. 78 – 81 (Falken-Verlag)
16. aus: E. Sanders, Denktraining. Aufgaben und Lösungen, Wolfenbüttel 1986, S. 39 ff (© Kallmeyer'sche Verlagsbuchhandlung, Seelze-Velber)
17. aus: E. Sanders, Denktraining. Aufgaben und Lösungen, Wolfenbüttel 1986, S. 44 ff (Abb.) (© Kallmeyer'sche Verlagsbuchhandlung, Seelze-Velber)
18. aus: Lehrstellen-Report, Heft 1, Testtraining. Schulservice der Volksbanken und Raiffeisenbanken. Wiesbaden, akt. Auflage 1993, S. 46 (DG-Verlag)
19. aus: H. Stephan, Vertretungsstunden in der Grundschule, Stuttgart 1989, S. 114 (Klett-Verlag)
20. aus: U. Lauster, Rechtschreibespiele 3. Für das 5. und 6. Schuljahr, Reutlingen 1977, S. 33; Text verändert (Ensslin & Laiblin Verlag)
21. nach: H. Hustedt / R. Hilke, Einstellungstests, Niedernhausen / Ts. 1992/93, S. 43 f; Text verändert (Falken-Verlag)
22. aus: Unterrichtsbogen 6, terre des homme BR Deutschland e.V., Osnabrück o. J. (Text verändert)
23. aus: H. Stephan, Vertretungsstunden in der Sekundarstufe I, 200 Konzentrations-, Sprach- und Sachaufgaben, Stuttgart, 1991, S. 65 (Klett-Verlag)

Quellen

Betz, G. / Geibert, E. u. a., Sprachschlüssel, Grundausgabe, 6. Schulj., Stuttgart 1984

Beyer, G., Rationelles Lesen leicht gemacht, Düsseldorf, Wien, New York 1988

Beyer, G., So lernen Schüler leichter. Gedächtnis- und Konzentrationstrainig, 2. Aufl., Düsseldorf, Wien 1986

Dambach, D. (Hrsg.), Witz, Quiz & Co, Sonderband, Ravensburg 1987

Delft, P van / Botermans, J., Denkspiele der Welt, München 1980

Der Große Duden. Synonymwörterbuch, bearbeitet von P. Grebe / W. Müller, Mannheim 1964

Der Große Duden. Stilwörterbuch, Bd. 2, bearbeitetet von P. Grebe, Mannheim 1963

Dirsc, R., Spiele und Knobeln, München o. J.

Eysenck, H. J., Intelligenz-Test, Reinbek b. Hamburg 1982

Lehrstellen-Report, Heft 1 Testtraining. Schulservice der Volksbanken und Raiffeisenbanken, Wiesbaden 1993

Hustedt, H. / Hilke, R., Einstellungstests, Niedernhausen / Ts. 1992

Kirst, W. / Diekmeyer, U., Intelligenztraining, Stuttgart 1970

Lauster, P., Begabungstests, Reinbek b. Hamburg 1984

Lauster, U., Konzentrationsspiele 3. Für das 5. und 6. Schuljahr, Reutlingen 1978

Lehmann, J., 2 mal 3 plus Spaß dabei, Köln 1985

Mackensen, L., Deutsches Wörterbuch, 10. Aufl., München 1983

Meirowitz, M. / Jacobs, P. I., Fitnesstraining für Denker, Köln 1989

Ott, E., Optimales Denken. Trainingsprogramm, Reinbek b. Hamburg 1982

Sanders, E., Denktraining. Aufgaben und Lösungen, Wolfenbüttel 1986

Stephan, H., Vertretungsstunden in der Sekundarstufe I, 200 Konzentrations-, Sprach- und Sachaufgaben, 5. Aufl., Stuttgart 1993

Stephan. H., Vertretungsstunden in der Grundschule. 135 Rechen-, Sach- und Sprachaufgaben, 4. Aufl., Stuttgart 1992

Stephan, H., Vertretungsstunden in der Sekundarstufe I, 75 Arbeitsblätter mit spielerischen Sprachaufgaben, 1. Aufl., Stuttgart 1995

Titze, Ch., Keine Angst vor Einstellungstests, Niedernhausen/Ts. 1986

Vollmer, G. / Hoberg, G., Top-Training, Stuttgart 1994

Weitere Titel zur Unterrichtsvorbereitung

Sekundarstufe I

Arbeitsblätter
Medienerziehung in den Klassen 5–7
29 Arbeitsblätter mit didaktisch-methodischen Kommentaren
ISBN 3-12-927418-9

Arbeitsblätter
Neue Rechtschreibung in den Klassen 5 und 6
52 Arbeitsblätter mit didaktisch-methodischen Kommentaren
ISBN 3-12-927925-3

Arbeitsblätter
Neue Rechtschreibung in den Klassen 7 und 8
66 Arbeitsblätter mit didaktisch-methodischen Kommentaren
ISBN 3-12-927424-3

Arbeitsblätter
Neue Rechtschreibung in den Klassen 9 und 10
58 Arbeitsblätter mit didaktisch-methodischen Kommentaren
ISBN 3-12-927425-1

Sekundarstufe II

Arbeitsblätter
Exil und Heimkehr – Rose Ausländer und Hilde Domin
36 Arbeitsblätter mit didaktisch-methodischen Kommentaren
ISBN 3-12-927419-7

Arbeitsblätter
Sprachwandel
23 Arbeitsblätter mit didaktisch-methodischen Kommentaren
ISBN 3-12-927422-7

Arbeitsblätter
Jurek Becker „Bronsteins Kinder“
26 Arbeitsblätter mit didaktisch-methodischen Kommentaren
ISBN 3-12-927414-6

Weitere Titel zur Unterrichtsvorbereitung

Arbeitsblätter
Reflexion über Sprache
Bedeutung, Sprache, Denken.
34 Arbeitsblätter mit didaktisch-methodischen Kommentaren
ISBN 3-12-927426-X

Arbeitsblätter
Gewaltdarstellung in Literatur, Film und Fernsehen
38 Arbeitsblätter mit didaktisch-methodischen Kommentaren
ISBN 3-12-927415-4

Arbeitsblätter
Klassik
22 Arbeitsblätter mit didaktisch-methodischen Kommentaren
ISBN 3-12-927423-5

Arbeitsblätter
Literatur im Bild
45 Arbeitsblätter mit didaktisch-methodischen Kommentaren
ISBN 3-12-929430-9

Arbeitsblätter
Ingeborg Drewitz „Gestern war Heute"
27 Arbeitsblätter mit didaktisch-methodischen Kommentaren
ISBN 3-12-927428-6

Arbeitsblätter
Döblins „Berlin Alexanderplatz" und die Literatur der Weimarer Republik
31 Arbeitsblätter mit didaktisch-methodischen Kommentaren
ISBN 3-12-927429-4

Arbeitsblätter
Romantik
30 Arbeitsblätter mit didaktisch-methodischen Kommentaren
ISBN 3-12-927433-2

Arbeitsblätter
Gerhart Hauptmann „Die Ratten"
39 Arbeitsblätter mit didaktisch-methodischen Kommentaren
ISBN 3-12-927435-9